VOYAGES

DE FRANCE,

D'ESPAGNE, DE PORTUGAL;

ET D'ITALIE.

TOME TROISIEME.

VOYAGES

DE FRANCE,

D'ESPAGNE, DE PORTUGAL, ET D'ITALIE;

PAR M. S***

TOME TROISIEME.

A AMSTERDAM,

Et se trouve

A Paris, chez MERLIN, rue de la Harpe, à l'Image Saint Joseph.

M. DCC. LXX.

RELATION

D'UN VOYAGE,

DE PARIS

EN ITALIE, ESPAGNE ET PORTUGAL,

Du 22 Avril 1729, au 6 Février 1730.

DE L'ESPAGNE EN GÉNÉRAL,

ET DU CARACTERE DES ESPAGNOLS.

IL y a une infinité de réflexions qu'un voyageur ne fait pas dans le cours de son voyage, mais qui en font en quelque façon le fruit : il y a même une infinité de connoiſſances qu'une route & la traverſe d'un pays ne donnent pas, mais qui

Tome III. A

s'acquierent par l'étude ; & sans ces connoiſſances une relation eſt un ouvrage
imparfait. C'eſt pourquoi j'ai cru que je
devois premierement donner une idée
de l'Eſpagne & des Eſpagnols : dans l'article ſuivant je détaillerai mon voyage.

La plûpart de ceux qui ont fait des
relations de l'Eſpagne, n'ont pas , je
crois , ſenti la difficulté qu'il y a de
réuſſir. Ils ſe font moins appliqués à faire
connoître les Eſpagnols , qu'à les inju-
rier. La relation de M. d'Aunoy eſt
remplie d'aventures , qui la rendent
moins ſemblable à une relation qu'à un
roman. Le Pere Labat , dans ſon ouvrage intitulé , *Voyage en Eſpagne & en
Italie* , ne parle que de Cadix , de Gibraltar & de Séville. Ce Pere fait le
railleur ; mais ſes plaiſanteries ne ſont
pas toujours ni bienſéantes , ni heureuſes , ni juſtes. Trois autres relations ,
l'une d'un voyage fait en 1655 , l'autre

(3)

d'un voyage fait en 1659, par un Con-
feiller au Parlement , & la troifiéme
imprimée en 1717, font fort médio-
cres : elles font beaucoup moins inftruc-
tives , & beaucoup inférieures aux délices d'Efpagne par Don Juan Alvarez
de Colmenar. Les ouvrages qui ont paru
fous le titre de délices ne font pas efti-
més, les délices d'Efpagne doivent être
exceptés de cette regle ; la prévention
fe trouve à leur égard très-mal fondée.

Je ne prétends pas m'épargner plus
que je n'épargne les autres, & le feul
moyen pour ne point donner à mordre
aux critiques, c'eft d'être moi-même le
mien. Bien loin que ma relation foit
parfaite , ce n'eft qu'un ouvrage ébau-
ché , qu'un effai qui ne me fatisfait pas
moi-même , & qui eft tel que le peu de
tems & le peu d'expérience m'ont permis de le faire. Pour réuffir parfaitement , il faudroit fçavoir à fond l'Hif-

toire d'Espagne , repréfenter au vrai fon état préfent , remonter pour cet effet à l'avénement de Philippe V. à la Couronne , détailler la fuite des négociations qui fe font faites depuis ce tems-là , & les amener au point où elles fe trouvent aujourd'hui. Pour pénétrer le principe des événemens, il faut quelquefois le chercher dans la conduite intérieure de la Cour, & dans celle de fes Miniftres ; il en faut donc développer le caractere, ainfi que celui du Souverain ; ce qu'il n'eft permis de faire qu'à ceux qui tiennent leur ouvrage fecret. Il faut connoître le Gouvernement, les Magiftrats & les Loix , les revenus de l'Etat , fes forces & fon commerce. On doit auffi connoître la nobleffe & fes prérogatives : ce que c'eft que la grandeffe, quels font les différens ordres Militaires. Le Clergé , la Religion , l'Inquifition , le caractere des Efpagnols , leurs

moeurs , leurs usages , leurs plaisirs ,
leur langue , leurs vices & leurs vertus,
font autant d'objets différens qu'il faudroit approfondir , qui feroient l'ouvrage de plusieurs années , & la matiere
de plusieurs volumes. Je ne donnerai de
toutes ces choses qu'une idée fort super-
ficielle , mais qui fera juste dans les circonstances que je marquerai : j'établirai
sur chacune des principes généraux , &
par-là je me mettrai moi-même en état
de pouvoir les approfondir , lorsqu'un
plus grand loisir me le permettra : j'en
dirai assez pour qu'on puisse distinguer
le vrai & le faux répandu dans les ouvrages de ceux qui ont écrit sur ces matieres.

Quoique l'Histoire d'Espagne soit dou-
blement intéressante pour le François,
depuis qu'un Prince de la Maison de
France est assis sur le trône de cette
Monarchie, il manque cependant une

bonne Hiſtoire d'Eſpagne ; une ſimple traduction de Mariana n'eſt pas capable de faire une Hiſtoire parfaite. C'eſt ſans contredit un très-bon Hiſtorien : ſon ſtyle eſt admirable , ſa narration eſt ornée ſans être enflée : il ne flatte pas les Rois, il flatte ſa nation moins que les autres Eſpagnols ; mais ſon Hiſtoire ne paſſe pas le regne de Ferdinand le Catholique, enſorte que les regnes les plus intéreſſans manquent. Il n'eſt pas d'ailleurs exempt de fautes, ſoit de chronologie ou de géographie ancienne & moderne. Le commencement de ſon Hiſtoire eſt un abîme de fables , indignes de la beauté & de la dignité de l'Hiſtoire ; il ſemble que les Eſpagnols , qui ont toujours eu beaucoup d'amour pour la gloire , ont cru qu'ils ſeroient avilis s'ils n'avoient qu'une Hiſtoire ordinaire : ils ont préféré le Roman à l'Hiſtoire véritable , & la plûpart , non-contens de foutenir que long-tems avant le déluge, l'Efpagne étoit cultivée & habitée, ont encore donné comme véritable un nombre infini de Rois qui font fans aucun fondement dans l'Hiftoire. Si on croit leurs imaginations, Tubal, un des fils de Japhet, Iberus, Hifpal, Hefper, Gerion, ont été Rois d'Efpagne, & même le Patriarche Noë a honoré la Galice & les Afturies de fes vifites. Ce merveilleux qui eft répandu dans la plûpart des Hiftoriens d'Efpagne, montre avec quelle précaution on doit les lire. Il n'y a pas de ville tant foit peu confidérable, qui n'ait ou fon Hiftorien, ou fon Panégyrifte, ou pour flatter l'efprit du peuple, ou pour le faire confidérer plus que les autres. L'Abbé de Vayrac, dans la Préface des Revolutions d'Efpagne, parle d'une maniere fort judicieufe & fort inftructive de l'Hiftoire & des Hiftoriens d'Efpagne. C'eft de la Biblio-

thèque efpagnole de Nicolas-Antoine ;
livre qui peut fervir de modèle aux ouvrages de cette nature, que cet Abbé a
tiré prefque tout ce qu'il dit, & il le cite
plufieurs fois. Sa Préface eft infiniment
fupérieure au refte de fon ouvrage qui
n'approche pas, à beaucoup près, de
ceux que l'Abbé le Vertot a écrits dans
ce genre. Il faut chercher le principe de
la plûpart des révolutions arrivées en
Efpagne dans le caractere des peuples ;
ainfi de ces deux chofes, les révolutions
arrivées dans l'état & le caractere des
peuples, la connoiffance de l'une aug-
mente celle de l'autre ; on voit même
par-là que dans un même pays les
mœurs, en tout tems, ne font pas toujours les mêmes. Du tems des Phéni-
ciens les Efpagnols étoient pour le refte
du monde, ce que les Indes font aujourd'hui pour l'Europe. Les Carthagi-
nois les fubjuguerent, & la plus grande

partie de l'armée qu'Annibal conduifit en Italie étoit compofée d'Efpagnols. L'Efpagne fut dans la fuite réduite en Provinces Romaines ; mais leur fujétion coûta beaucoup de travaux & de fang à leurs vainqueurs. Les Goths leur en enleverent la plus grande partie, & enfin les en dépouillerent totalement. Leur Royaume fe foutint pendant un tems par une exacte difcipline : la corruption des mœurs & les défordres pouffés à l'excès, donnerent lieu à l'invafion des Mores. La conquête de prefque toute l'Efpagne fut le fruit d'une victoire. Les Chrétiens, retirés dans les montagnes des Afturies, fe nommerent un Roi. On vit, peu de tems après, naître plufieurs autres Monarchies, dont les Souverains fongeoient plutôt à fe détruire mutuellement, qu'à fe réunir pour chaffer les Mores. Ce ne fut enfin que fous le regne de Ferdinand le Catholique, qui réunit, par

son mariage avec Isabelle, l'Arragon &
la Castille, que l'Espagne fut entiérement délivrée de la domination des
Mores. Les Espagnols ont retenu d'eux
plusieurs usages qu'ils conservent encore
aujourd'hui. La langue Castillane con-
serve aussi des expressions moresques.
Sous le regne de Ferdinand, l'Espagne
qui avoit auparavant de la peine à se
soutenir, commença à se faire craindre
des autres nations. Ce regne est également une époque remarquable, & pour
le gouvernement, & pour le caractere
des Espagnols. La découverte des Indes,
qui se fit vers le même tems, ne contribua pas peu à changer le caractere de
cette nation conquérante. Les belles
actions qu'elle fit, & contre les Mores,
& contre les Américains, enflerent le
cœur des Espagnols : rien ne parut au-
dessus de leurs projets ambitieux, &
ils n'aspirerent à rien de moins qu'à la

Monarchie univerſelle. L'avénement
d'un Prince François au trône d'Eſpagne, n'a pas produit une auſſi grande
révolution dans le caractere des Eſpagnols, qu'il y avoit lieu de s'en flatter :
leur averſion pour les François eſt beaucoup diminuée, mais elle n'eſt pas anéan-
tie. L'hiſtoire nous offre des ſiecles en-
tiers où il ne s'eſt pas fait autant de traités & de conventions, qu'il s'en eſt fait
depuis le commencement du regne de
Philippe V. Le peu de rapport & de
liaiſon qui ſe trouve entre ces traités,
en rend l'étude difficile : mais de cette
diverſité on en doit tirer pluſieurs con-
ſéquences pour le caractere de la Cour
d'Eſpagne, celui de ſes Miniſtres, & la
ſituation de l'Etat.

Sous le regne de Charles II. il ſe fit
un traité entre diverſes Puiſſances, &
ce traité contenoit le projet du partage
de la Monarchie d'Eſpagne, au cas que

le Roi regnant mourût fans poftérité.
Leur vue politique étoit d'empêcher que
cette puiffante Monarchie ne fût foumife
ou à l'Empereur, ou au Roi de France,
parce que dans ce cas l'équilibre qui
doit regner entre les Puiffances de l'Europe, & dont le maintien eft l'objet des
derniers traités, auroit été abfolument
détruit.

On étoit convenu que ce traité refte-
roit fecret : ce qui fembloit éloigner la
Maifon de Bourbon de la Couronne
d'Efpagne, eft au contraire ce qui a
fervi le plus à l'y élever. Le Cardinal
Portocarrero fut inftruit par l'Ambaffadeur de France du traité qui avoit été
fait : il en fut piqué au vif, & le Roi &
les Efpagnols regarderent ce que l'on
venoit de faire fans leur participation,
comme un outrage fait à la nation. La
France offrit de fe défifter de ce traité,
qui ne pouvoit s'exécuter fans elle, &

ce fut-là le véritable motif du teſtament
de Charles II, d'ailleurs fondé ſur de
vraies & de juſtes raiſons. Ceux qui
connoiſſent le caractere des Eſpagnols,
& qui ſçavent combien il eſt aiſé de les
amener où l'on veut, lorſqu'on leur
propoſe pour but l'honneur de la nation
& le maintien de la Monarchie, ne doivent point être ſurpris d'une démarche
ſi contraire aux ſentimens tendres que
Charles II. avoit conſtamment témoi-
gnés pour la Maiſon d'Autriche. Il dé-
clara dans ſon teſtament, qu'ayant con-
ſulté ſes Miniſtres & les plus habiles
Docteurs de ſon Royaume, pour approfondir les raiſons ſur leſquelles étoient
fondées les renonciations des Reines de
France, Anne d'Autriche & Marie Thé-
reſe, il avoit reconnu que l'on avoit eu
principalement en vue d'empêcher que
ſes Royaumes ne fuſſent unis à la Couronne de France, & que par conſéquent

Le point fondamental ne subsistant plus,
la succession d'Espagne devoit être dé-
volue au parent le plus proche, con-
formément aux Loix du Royaume. Sur
ce principe, le Roi nomma pour son
Successeur le Duc d'Anjou, second fils
du Dauphin de France, & l'appella
en cette qualité à la succession de
tous les Royaumes d'Espagne, sans en
excepter aucune partie.

Le Roi d'Espagne étant mort, on dé-
libéra en France si l'on devoit accepter
son testament. Ce ne fut point une feinte
délibération, comme l'ont écrit plusieurs Historiens, qui jugent des passions
des Souverains par les leurs propres.
L'expérience & le sang qu'il en a coûté
à la France, n'ont que trop prouvé combien cette délibération méritoit de réflexions. Le testament fut accepté : le
Duc d'Anjou fut déclaré Roi d'Espagne
sous le nom de Philippe V, & partit

pour Madrid, où il arriva le 19 Février
1701. L'Angleterre, le Portugal & la
Hollande reconnurent Philippe V. Le
Duc de Savoye entra dans ſes intérêts,
& lui donna en mariage la ſeconde de
ſes filles. L'Empereur Léopold ne fut
pas long-tems ſans ſe déclarer contre le
teſtament du feu Roi d'Eſpagne, & ſans
faire valoir, les armes à la main, les prétentions qu'il avoit à la ſucceſſion de
cette Monarchie : il fit paſſer une armée
en Italie ſous les ordres du Prince Eu-
gene. Philippe V. réſolut de raſſurer
l'Italie par ſa préſence ; il partit de Madrid & s'embarqua à Barcelone, d'où il
ſe rendit à Naples le 16 Avril 1702.
Pendant ſon voyage en Italie, l'Angleterre & la Hollande ſe déclarerent en
faveur de l'Archiduc Charles, ſecond
fils de Léopold, à qui cet Empereur
donna le titre de Roi d'Eſpagne le 12
Septembre 1703. On l'appella Chales III.

L'objet principal des alliés dans ce traité, étoit d'empêcher que les Couronnes de France & d'Espagne ne fussent réunies sur la tête du même Prince ; & surtout que les François ne se rendissent les maîtres des Indes soumises à la domination d'Espagne. Le Portugal se joignit aux alliés, le Duc de Savoye augmenta leur nombre : il avoit marié sa fille aînée au Duc de Bourgogne, sa cadette au Roi d'Espagne, les deux sœurs aux deux freres : il sembloit que tant de liens devoient engager le Duc de Savoye à protéger les intérêts de son sang : il sacrifia à ses vues politiques, & la nature, & les bienséances, & il le fit d'une maniere odieuse, indigne d'un Prince, en cachant la trahison sous le voile de l'amitié.

Philippe V avoit été obligé de quitter l'Italie : des affaires plus importantes l'avoient rappellé en Espagne. Les flottes

combinées

combinées d'Angleterre & de Hollande tâcherent de furprendre Cadix.
Philippe étoit encore en Italie. La Reine
fit promptement affembler le Confeil
du Gouvernement, & pleine d'une in-
trépidité qui paroiffoit au-deffus de fon
âge & de fon fexe, elle s'offrit, avec un
courage héroïque, d'aller en perfonne
en Andaloufie, fi l'on croyoit que fa
préfence fût néceffaire, & pût engager
fes Sujets à mieux faire leur devoir. Ces
marques de courage & de bonne volonté charmerent le Confeil & tous les
Seigneurs Caftillans, qui font naturellement touchés·de toutes les actions où il
paroît du grand & de l'héroïque. Elle
offrit en même-tems fes pierreries, pour
être vendues ou engagées, fi l'on avoit
befoin d'un prompt fecours d'argent. Ce
bon exemple de la Princeffe, & ces
marques d'un entier dévouement pour
le fervice de l'Etat, engagerent tous les

Tome III.   B

Ordres à faire des efforts extraordinaires pour la conservation du Royaume. Les Particuliers témoignerent à l'envi leur zèle pour défendre la Patrie contre l'invasion des Anglois. Ce fut la raison qui pressa le retour de Philippe à Madrid, où sa présence étoit nécessaire pour affermir son Trône, & s'opposer aux soulevemens qu'on tâchoit d'exciter dans le cœur du Royaume en faveur de Charles III, qui s'étoit aussi rendu en Espagne. On vit à l'arrivée du dernier paroître plusieurs manifestes de la part des deux concurrens.

Les flottes Angloise & Hollandoise se présenterent devant Gibraltard, qui se rendit par capitulation le 4 Août 1704. La négligence des Espagnols en fut la cause : ils n'avoient dans cette Place que cent hommes. Les ennemis ne négligerent rien pour conserver une Place qui leur ouvroit l'entrée du

Royaume d'Espagne, & facilitoit leur commerce de la Méditerranée. Les Espagnols l'affiegerent inutilement. La Catalogne, le Royaume d'Arragon, & celui de Valence, ou se révolterent, ou se rendirent sans réfistance aux premieres sommations des Alliés. La guerre se faisoit en même-tems en Catalogne sur les frontieres du Portugal, en Italie, en Allemagne, & dans les Pays-Bas. On s'épuisoit pour subvenir aux frais de la guerre : les événemens tantôt heureux, tantôt malheureux, ne donnerent à aucun parti une supériorité assez grande pour impofer la loi de la paix ; mais ils donnoient aux uns & aux autres une grande envie d'entamer les négociations, & de terminer, par un traité général, ce que le sort des armes n'avoit pu décider. La France paroissoit en avoir besoin plus que les autres Puissances : ses finances & ses reffources étoient

épuifées : la mort de l'Empereur Leo-
pold, arrivée dès le 5 Mai 1705, n'a-
voit rien changé aux affaires de l'Efpagne. Jofeph, l'aîné de fes fils, lui avoit
fuccédé dans l'Empire, & avoit agi effi-
cacement pour Charles fon frere. Les
Alliés n'avoient rien rallenti de leur
premiere ardeur pour fes intérêts ; mais
Jofeph étant mort le 17 Avril 1711 ,
fans laiffer de fils, & l'Archiduc Charles étant élu Empereur, ce Prince fut
obligé de quitter l'Efpagne, pour mieux
ménager fes intérêts en Allemagne. Philippe tira de grands avantages de ce
changement. L'Angleterre, qui jufques-
là n'avoit combattu que pour maintenir
la balance de l'Europe, commença de
fe refroidir fur les intérêts d'un Prince
qui lui devenoit formidable, s'il pouvoit une fois joindre tous les Etats héréditaires de la Maifon d'Autriche &
ceux de l'Efpagne, avec la Dignité Im-

périale. La paix se conclut en 1713 à Utrecht, entre Philippe & les Puissances en guerre, excepté l'Empereur, qui refusa de consentir à aucun accommodement, à moins d'une cession de toute l'Espagne. Les Alliés y stipulerent que les Couronnes de France & d'Espagne ne pourroient jamais être réunies sous un même Souverain ; que l'Italie jouiroit d'une parfaite neutralité, & que les choses demeureroient dans l'état où elles se trouvoient alors. Le Traité conclu à Bade le 7 Septembre 1714, affermit la situation de l'Europe. Tout ce qui avoit été fait à Utrecht y fut confirmé. Les Troupes de l'Archiduc sortirent de la Catalogne : la convention pour la neutralité de l'Italie, y étant renouvellée, elle ôtoit les armes à l'Empereur & à l'Espagne dans la partie de l'Europe, qui étoit la seule où ils pouvoient faire la guerre. Il ne restoit à régler entre ces deux Monarques que quelques titres qu'ils ufurpoient l'un fur l'autre : car fi l'on raffemble les différentes claufes des Traités d'Utrecht & de celui de Bade, qui concernent l'Efpagne, on trouvera que par fes divers engagemens avec les Alliés de l'Empereur, elle avoit fait une paix tacite avec l'Empereur même, fans avoir traité avec lui directement ; & que ces deux Princes étoient autant ré-conciliés qu'ils pouvoient l'être , par rapport à leurs poffeffions & à leurs Sujets.

La mort de Louis XIV , arrivée le premier Septembre 1715 , a porté dans les affaires générales de l'Europe un changement qui donna lieu à la plûpart des Traités qui fuivirent. Le Duc d'Or-léans joignant au titre de Régent, celui d'héritier préfomptif de la Couronne , fe trouva chargé d'intérêts compliqués , ntérêts de l'Etat, intérêts perfonnels.

Il vou'ut affurer fes droits fur quelque chofe de plus folide que les renonciations, ou le ferment dont on les avoit confirmés; mais la prudence exigeoit que ce Prince traitât cette affaire d'une maniere indirecte, & qui ne pût faire appercevoir au Roi d'Efpagne, que l'on doutoit de fa bonne-foi. La Grande-Bretagne voyoit de mauvais œil le Prétendant dans le Comtat Venaiffin, à portée de rentrer en France à tous momens : elle regardoit comme contraires aux Traités les ouvrages que l'on avoit faits à Mardick fur la fin de la vie de Louis XIV. Le Régent fe fervit utilement de ces deux fujets de mécontentement, pour engager la Grande - Bretagne dans un Traité où fes intérêts particuliers feroient ménagés d'une maniere indirecte. L'Abbé Dubois fut chargé de négocier cette affaire fous le nom d'une Alliance défenfive, dans laquelle

òn jugea à propos de faire entrer la République des Provinces-Unies : ce Traité
de la triple Alliance fut conçu à la Haye,
le 4 Janvier 1717.

Le Ministère de France assuroit ainsi
le repos & la tranquillité publique , &
en particulier les droits & les intérêts
du Duc Régent , lorsque tout d'un coup
la guerre se ralluma. Le Cardinal Jules
Alberoni , éleve de la fortune , & favori
de la Reine d'Espagne , qui lui avoit
procuré la Pourpre , étoit à la tête du
Ministere Espagnol ; Prélat d'un génie
profond , capable de conduire cette
grande barque , mais ambitieux & téméraire , & qui dans la faveur où il
étoit , se croyoit permis tout ce qu'il
osoit entreprendre sous le prétexte de la
grandeur , de la gloire & de l'intérêt de
la Monarchie & de la Reine d'Espagne.
L'Empereur étant entré en 1716 , dans
la querelle des Vénitiens avec les Turcs,

le Cardinal Miniftre jugea que le deftin
lui offroit une occafion favorable de ré-
parer les bréches, que la derniere paix
avoit faites aux vaftes Domaines de la
Couronne d'Efpagne. Le Roi avoit ar-
mé, à la priere des Vénitiens & à celle du
Pape (qui, par deux copieux Indults,
avoit accordé à Sa Maj. Cath. une le-
vée de deux millions & demi fur les biens
eccléfiaftiques des Indes, & une autre
de cinq cens mille ducats fur ceux du
Clergé d'Efpagne,) une efcadre qui paffa
au Levant, fauva Corfou, & fit beaucoup parler des Efpagnols. Sous prétexte
de mériter encore mieux cette renom-
mée, le Cardinal Miniftre arma avec
plus d'appareil l'année fuivante 1717.
La Chrétienté, le Pape, les Vénitiens
& leurs Alliés en attendoient un utile
& puiffant fecours, lorfque tout d'un
coup toutes les forces d'Efpagne tom-
berent fur la Sardaigne, qui étoit reftée

à l'Empereur, depuis qu'elle avoit été conquife fur le Roi Philippe V par les Anglois. Ce Royaume étoit dépourvu, & la conquête en fut facile. L'entreprife étoit trop finguliere & trop furprenante, pour ne pas informer l'Europe des motifs qui l'avoient fait commencer. C'eft ce que le Roi Catholique, ou plutôt fon Miniftre, fit par une lettre que le Marquis Grimaldo, Secrétaire d'Etat, écrivit aux Miniftres Efpagnols dans les Cours Etrangeres. Le prélude de cette lettre eft fingulier. Le voici : « Votre Excellence aura, fans doute, » été furprife à la premiere nouvelle, » que les armées du Roi notre Maître » alloient être employées à la conquête » de la Sardaigne ; &, dans le tems que » tout le monde étoit perfuadé, & que » toute la chrétienté fe promettoit qu'el- » les alloient renforcer l'armée navale » des Chrétiens qui agit contre les

» Turcs ; & enſuite des offres que Sa
» Majeſté, pouſſée par les ſentimens de
» la Religion & de ſon cœur, en avoit
» fait au Pape. Je vous avouerai, Mon-
» ſieur, que je ne m'attendois pas ſitôt
» à cette deſtination des armes du Roi.
» L'emploi que j'ai l'honneur d'exercer,
» me donnant de fréquentes occaſions
» d'approcher de ſa Perſonne, je dois,
» ce ſemble, connoître mieux que beau-
» coup d'autres, ſa juſtice, ſa droiture,
» la Religion avec laquelle il obſerve
» ſa parole : la délicateſſe de ſa conſ-
» cience, enfin, ſa grandeur de courage,
» à l'épreuve des adverſités les plus du-
» rables ; qualités qui le rendent ſi digne
» d'être le Succeſſeur de ces Princes,
» qui par leur piété ont mérité d'être
» mis au nombre des Saints, & d'avoir
» le titre particulier de Rois Catholi-
» ques. En effet, qui peut ne point être
» étonné d'abord, qu'un Prince, dont

» le monde vante les vertus, & qu'il
» reconnoît pour être incapable de fa-
» crifier la juftice à fa gloire, commence
» les premieres hoftilités contre l'Archi-
» duc, actuellement en guerre ouverte
» avec le Sultan des Turcs? Mais un tel
» deffein n'a pas été formé fans un mo-
» tif important qui rendoit l'entreprife
» abfolument néceffaire ».

Les motifs qu'on allegue, c'eft que l'évacuation des Troupes de l'Archiduc hors de la Catalogne, ne s'étoit pas faite de bonne foi ; que l'Empereur avoit fomenté la révolte des Catalans ; & qu'enfin on avoit arrêté le grand Inquifiteur d'Efpagne qui paffoit par Milan : motifs qui ont beaucoup moins frappé que le prélude de la lettre. Le Cardinal Alberoni, enflé du fuccès de l'invafion de la Sardaigne, fit des préparatifs pour pouffer la guerre en Sicile, & même jufques dans le Royaume de Naples, si l'occasion se présentoit; dans la persuasion où étoit son Eminence, que les Napolitains souffroient impatiemment la domination Allemande, & qu'elle trouveroit les esprits disposés à se rendre sous l'obéissance de leurs anciens Souverains. L'Angleterre, qui par un Traité d'Alliance défensive conclu à Londres le 25 Mai 1706, venoit de contracter de nouveaux engagemens avec la Cour Impériale, donna ordre au Chevalier Bings, qui commandoit la flotte dans la Méditerranée, de s'opposer aux progrès de l'Espagne. Les instructions qui lui furent données ne portoient pas un ordre précis de combattre les Espagnols; mais l'argent que le Duc d'Orléans donna sous main à l'Amiral Anglois, le détermina à les traiter en ennemis déclarés. Les intérêts personnels du Régent ne s'accommodoient pas de la trop grande puissance des Espagnols.

On eut recours en même-tems aux négociations. La France & l'Angleterre
entreprirent d'en perfectionner une, qui
avoit été entamée quelque tems après
la conclusion de la triple Alliance. Cette
négociation consistoit à régler les con-
ditions sous lesquelles on pourroit ré-
concilier l'Empereur & le Roi d'Espagne, & par ce moyen fixer l'équilibre,
& assurer le repos & la tranquillité de
l'Europe. On dressa ce projet de paix
de concert avec la Cour de Vienne, &
l'on peut juger de la peine qu'on eut de
la faire entrer dans les vues pacifiques
de la France & de l'Angleterre, par l'ir-
ritation où l'avoit mise l'invasion de ses
Etats. Ce Traité fut signé à Londres le 22
Juillet, 2 Août 1718, par l'Empereur, la
France & l'Angleterre. On l'appella le
Traité de la quadruple Alliance, parce
que l'on se flattoit que les Etats Généraux y accéderoient incessamment. Ce

Traité régloit la succession des Etats de Toscane & de Parme, qui furent déclarés Fiefs de l'Empire ; quoiqu'il soit fort douteux, comme je l'ai marqué, que le Duché de Parme soit un Fief Impérial. L'Empereur accorda l'investiture éventuelle de ces Etats au Prince Don Carlos, fils de la Reine d'Espagne. Il est étonnant que le Ministere Espagnol exigeât que l'Empereur ne se mêlât point de la succession de ces Etats, parce qu'il est certain que ce sont des Fiefs masculins, auxquels par conséquent la Reine d'Espagne, ni ses enfans, ne peuvent succéder ; & supposé même que les filles pussent succéder au grand Duché de Toscane, j'ai fait voir que la France, comme héritiere des droits de Marie de Médicis, a plus droit d'y prétendre que la Reine, Elisabeth de Farneze. Il fut réglé par le même Traité, que l'on engageroit le Duc de Savoye de céder à l'Empereur le Royaume de Sicile, que l'on avoit donné à ce Duc par le Traité d'Utrecht , & qu'on lui donneroit en échange le Royaume de Sardaigne. Il accéda à ce Traité le 18 Novembre 1718 , bien mortifié de se voir dépouillé d'un si beau Royaume, sans autre raison qu'une raison de bienséance, pour réunir sous un même Souverain les Deux Siciles, c'est-à-dire, le Royaume de Naples, & l'Isle de Sicile. Il livra aux Impériaux les places dont les Espagnols ne s'étoient pas encore emparés, & il prit le titre de Roi de Sardaigne; foible dédommagement : mais il s'agissoit de sauver du nauffrage ce qu'il pourroit. Les hostilités commencerent entre l'Espagne & l'Angleterre : la flotte Angloise battit celle d'Espagne, & arrêta par-là les progrès que les armes des Espagnols faisoient en Sicile; la France différa, autant qu'elle put, d'entrer directement

dans

dans la querelle, dans la vue de récon-
cilier les esprits par la médiation. La
ruine entiere de la flotte n'abattit point
le grand courage du Cardinal Alberoni :
il ne put se résoudre à céder la Sicile à
l'Empereur, & la Sardaigne au Duc de
Savoye. Cette Eminence, fertile en
grandes idées, forma le projet de favo-
riser la descente du Chevalier de Saint-
Georges en Angleterre, pour donner
de l'inquiétude aux Anglois, & assez
d'affaires en leur propre pays, pour les
empêcher d'aller troubler ses entreprises en Italie. Ce fut dans le même-tems
que M. le Régent découvrit l'incendie
que ce Cardinal travailloit à allumer
dans le sein de la France, par le ministere du Prince de Cellamare, Ambassadeur d'Espagne. Le Duc d'Orléans re-
nonçant à la modération dont il avoit
usé jusqu'alors, proposa, dans le conseil de Régence, de prévenir les entre-

prifes du Cardinal Alberoni & de fes
ouvriers, & de déclarer la guerre à
cette Couronne; ce qui fut auffitôt ré-
folu, & l'on fit compofer un manifeste
fur les fujets de rupture entre les deux
Couronnes, en forme de déclaration de
guerre. « Les vrais motifs de ce refus »
(c'eft ainfi que l'Auteur du Manifeste
s'énonce fur les oppofitions du Miniftre Efpagnol à la paix) « ces motifs,
» jufqu'à préfent impénétrables, vien-
» nent enfin d'éclater. Les lettres de
» l'Ambaffadeur d'Efpagne au Cardinal
» Alberoni, ont levé le voile qui les
» couvroit, & l'on apperçoit avec hor-
» reur ce qui rendoit le Miniftre d'Efpa-
» gne inacceffible à tout projet de paix,
» il auroit vu avorter par-là les complots
» qu'il tramoit contre nous. Il eut perdu
» toute efpérance de défoler ce Royau-
» me, de foulever la France contre la
» France, d'y ménager des rebelles

(35)

» dans tous les ordres de l'Etat, de
» souffler la guerre civile dans le sein
» de nos Provinces, & d'être enfin pour
» nous le fléau du Ciel, en faisant écla-
» ter ces projets pernicieux, & jouer
» cette mine qui devoit, selon les ter-
» mes de l'Ambassadeur, servir de pré-
» lude à l'incendie. Quelle récompense
» pour la France, des trésors qu'elle a
» prodigués, & du sang qu'elle a ré-
» pandu pour l'Espagne » !

Ce Manifeste fut suivi de la marche
des troupes, qui se jetterent dans la
Biscaye, où elles firent de faciles conquêtes. Ces mauvais succès, & les fortes représentations des Puissances Etrangeres, firent enfin ouvrir les yeux au
Roi d'Espagne sur la conduite de son
Ministere. L'irrégularité du Cardinal
qui avoit des Maîtresses, parvint dans
ces circonstances à la connoissance du
Roi. Ce Prince qui veut, avec juste

raifon ; que tous les talens , & tout ce
qu'on appelle vertus d'hommes d'Etat ,
foient fubordonnées à la Religion & à
la piété , & guidées par elles , ne réfifta
plus. La difgrace d'Alberoni fut un ache-
minement à la paix. L'acte d'acceffion
du Roi d'Efpagne au Traité de la quadruple Alliance , fut figné à la Haye , le
17 Février 1720. Cette acceffion fuf-
pendit les hoftilités , & l'on ne parla
plus que d'affembler un Congrès , pour
difcuter & terminer tous les différends.
La Ville de Cambray fut choifie pour
fervir de théatre à cette importante
fcène ; on eût dit , à voir ce concours
de Plénipotentiaires , que l'on alloit terminer les affaires les plus importantes ;
mais jamais on ne s'eft fi bien trompé :
le Congrès ouvert en 1721 , dura qua-
tre ans , & ne fut rompu qu'en 1725. On
y fit un beau réglement pour le cérémo-
nial , pour la police , & pour la conduite

des Domeſtiques. L'Eſpagne y fit des propoſitions qui révoltoient les Impé-riaux. La France & l'Angleterre, qui faiſoient le rôle de Médiateurs, eurent beſoin de toute la pénétration & de la prudence de leurs Miniſtres, pour re-tenir ceux de l'Empereur & du Roi Ca-tholique prêts de rompre à chaque inſ-tant; & enfin toutes leurs peines abou-tirent à rien. Le peu de conférences que l'on tint à l'Hôtel-de-Ville ſe paſſe-rent en diſputes, ou en conventions, pour s'accorder des délais réciproques. Bien loin de diſcuter les prétentions des Princes d'Italie, les principales Parties ne purent convenir de rien. Tout le tems fut employé en Fêtes & en diver-tiſſemens. Voilà en racourci le tableau de ce fameux Congrès, que toutes les Couronnes vouloient rompre, ſans qu'aucune voulût qu'on l'accuſât d'en être la cauſe. Enfin, le Duc d'Orléans

étant mort dans ces circonſtances, &
le Duc de Bourbon, qui prit ſa place,
ne croyant pas devoir ménager les intérêts de l'Eſpagne au préjudice de ceux
de la France, jugea qu'il devoit choiſir
une Reine en état de donner un héritier qui ſoutînt le Trône, & renvoya
l'Infante Marie-Victoire, accordée avec
le Roi Très-Chrétien, parce qu'elle
étoit trop jeune. Cette réſolution irrita
l'Eſpagne, qui donna ordre à ſes Plénipotentiaires de ſe retirer de Cambray;
& le chagrin qu'elle en eut contribua à
accélérer le ſuccès des négociations ſecretes qui ſe faiſoient à Vienne.

Tandis que les Plénipotentiaires de
l'Empereur & de l'Eſpagne faiſoient
naître à chaque moment mille difficultés, par les propoſitions outrées qu'ils
faiſoient réciproquement, le Baron de
Riperda les applaniſſoit à Vienne, où
il étoit paſſé dès l'année 1724. Toute

l'Europe fut furprife d'apprendre la con-
clufion d'un Traité de paix entre l'Empereur & le Roi d'Efpagne. Ce Traité
fut conclu à Vienne le 30 Avril 1725,
& accompagné de deux autres : l'un,
qui étoit un Traité de Commerce, &
qui regardoit particuliérement la Compagnie d'Oftende ; & l'autre, qui étoit
un Traité d'Alliance défenfive. Il faut
rappeller ce qui s'étoit paffé par rapport
à la Compagnie d'Oftende. La Cour de
Vienne ayant connu par expérience ,
pendant la derniere guerre, les avantages que les Etats commerçans ont fur
les autres, s'étoit appliquée avec foin
depuis la paix de Bade aux moyens de
faire fleurir le commerce dans les Pays
héréditaires de l'Empereur, comme l'expédient le plus sûr d'y attirer des richeffes, dont la circulation, dit un Auteur
politique , porte une utilité réelle au
cœur de l'Etat , c'eft-à-dire , au tréfor

du Souverain. C'eſt pour cet effet que
l'Empereur accorda des privileges aux
Villes de Fiumes & de Trieſte, ſituées
ſur le Golfe Adriatique, & que ſes Miniſtres, au Traité conclu à Paſſarowitz
le 27 Juillet 1718, inſiſterent avec tant
de ſuccès ſur l'article du Commerce,
qu'ils obtinrent de la Porte des avantages à cet égard, qu'aucune Puiſſance de
l'Europe n'avoit encore pu obtenir de
cette Cour. C'eſt à ce ſyſtême que la
Compagnie d'Oſtende doit ſon origine;
& malgré toutes les difficultés & toutes les raiſons qui s'oppoſoient à ſon
établiſſement, l'Empereur accorda enfin, le 19 Décembre 1722, à la Compagnie des Indes dans les Pays-Bas
Autrichiens, appellée Compagnie d'Oſtende, des Lettres Patentes d'Octroi,
qui autoriſoient la navigation & ſon
commerce. La conceſſion de cet Octroi
ouvrit les yeux aux Puiſſances Mariti-

mes fur les fuites qui en réfulteroient au
préjudice de leur commerce. On en appella à la foi des Traités , & l'on dé-
montra que ceux de Munfter & de la
Barriere étoient violés. Ce grief fut le
fujet de plufieurs remontrances de la
part des Compagnies Hollandoifes. On
vit paroître d'excellens Mémoires pour
& contre la liberté de la navigation.
Mémoires très-inftructifs pour ceux qui
s'appliquent à l'étude du droit public ,
& même j'ajouterai à la connoiffance
du cœur humain. Car l'on y voit combien il eft habile à tourner & déguifer
les principes les plus inconteftables &
les plus fimples , pour les faire fervir à
l'appui de fes fentimens & de fes intérêts. Le Roi d'Efpagne s'étoit d'abord
trouvé parfaitement d'accord avec les
Etats Généraux , dont les plaintes lui
avoient paru fi juftes , que fon Miniftre
s'étoit joint au leur , pour engager la

Cour Britannique à porter cet important grief au Congrès de Cambrai. Quoi que l'on dît, que l'on fît, ou que l'on écrivît en faveur de cette Compagnie, elle étoit menacée d'une révolution qui ne paroiffoit pas éloignée, lorfque le Congrès de Cambrai étant rompu, on vit éclorre un Traité qui avoit été négocié, comme je l'ai remarqué, pendant le Congrès même, de Cour à Cour, par le canal de quelques intriguans. Celui dont on fe fervit, fut le Baron de Riperda, né dans une des Provinces-Unies, élevé dans les emplois de la République, & qui étant fon Ambaffadeur à Madrid, avoit renoncé à la patrie, pour s'attacher au fervice du Roi Catholique. Le fuccès de cette négociation lui mérita par degrés la dignité de Duc, de Grand d'Efpagne ; & enfin celle de Premier Miniftre, pofte qu'il n'a pas long-tems occupé. C'eft lui qui doit être considéré comme le principal Agent du Traité de Vienne. Le Traité de commerce qui accompagna le Traité de paix, fut la pierre d'achoppement qui souleva les Puissances, dont la force consiste dans le commerce, puisqu'elles y trouvoient des concessions qui leur étoient particulieres, communiquées aux Sujets de l'Empereur; & que la Compagnie d'Ostende s'y trouvoit garantie contre quiconque entreprendroit d'en troubler le commerce. Le Traité d'Alliance défensive, conclu dans le même tems entre l'Empereur & le Roi d'Espagne, quoique secret, ne fut pas long-tems ignoré. La France & l'Angleterre, Médiatrices au Congrès de Cambrai, se voyoient jouées par la conclusion de ce Traité négocié à Vienne, pendant qu'on les amusoit au Congrès, par des difficultés & des obstacles insurmontables en apparence. Le mécontentement du paffé & la crainte de l'avenir réunirent ces deux Puiffances. Dans un voyage que le Roi d'Angleterre fit à Hanovre au mois de Juin, où le Roi de Pruffe fe rendit, on entama une négociation ; & le 3 Septembre 1725, on conclut à Heeren - Haufen, près d'Hanovre, un Traité d'Alliance défenfive entre les Rois de France , d'Angleterre & de Pruffe. C'eft ce qu'on appelle le Traité d'Hanovre. On le communiqua aux Etats Généraux ; on tâcha de les enga-ger à y accéder : les Miniftres de l'Em-pereur & de l'Efpagne tâcherent de les en éloigner : la Haye devint le cen-tre des négociations. Les différens Mi-niftres y firent briller leurs talens pour la négociation , & leur zèle pour les in-térêts de leurs Maîtres ; mais enfin cette acceffion fe fit, & fut fignée à la Haye le 9 Août 1726. Je ne rapporterai pas ici la conduite douteufe du Roi de

Prusse, à l'égard des deux Rois alliés par le Traité d'Hanovre, & la conduite des Alliés pour soutenir les intérêts de leur alliance dans les autres Cours, sur-tout dans celles de Dannemarc, de Suede & de Turin. Je me rapproche plus particuliérement des démarches de l'Espagne.

Pendant les différentes négociations qui se conduisoient dans toutes les Cours, les Puissances armoient de part & d'autre, comme si ces deux alliances, celle de Vienne & celle d'Hanovre n'a-voient pour but que d'allumer la guer-re ; & cependant on ne cessoit de crier des deux côtés que chaque alliance n'é-toit que défensive. Les grosses remises que l'Espagne fit à Vienne, & les mesu-res que l'on prit dans cette derniere Cour pour augmenter les troupes Impé-riales, firent juger à la France, à l'An-gleterre & à leurs alliés, qu'il étoit de la prudence de se mettre sur leurs gardes. On sçavoit que l'Espagne n'étoit pas en état de faire long tems ces dépenses excessives, sur-tout si la source de ses trésors étoit pour quelque tems interrompue : c'est ce qui fit prendre le parti au Ministère Britannique d'envoyer une escadre dans les mers de l'Amérique, pour empêcher les gallions de passer en Europe. Ils étoient à Porto-Bello. L'Amiral Hossier qui commandoit l'escadre Angloise, les bloqua tellement, que les Espagnols craignant quelque entreprise, les déchargerent & en transporterent les trésors à travers les terres jusqu'à Panama. Quand la nouvelle de la destination & de la conduite de cette escadre Angloise fut arrivée à Madrid, on ne manqua pas de dire que les Anglois avoient les premiers déclaré la guerre. Ceux-ci au contraire disoient que leur but n'étoit que de l'empêcher, en ôtant à l'Espagne & à ses alliés les moyens d'exécuter le dessein qu'ils avoient de la commencer. Pendant que cela se passoit, le Parlement d'Angleterre ouvrit ses séances vers la fin de Janvier 1727. Toute l'Europe étoit attentive à ce qui se passeroit. On sçait que depuis le commencement de ce siecle, les harangues des Rois d'Angleterre à l'ouverture du Parlement, sont considérées comme des especes d'oracles touchant la situation générale des affaires de l'Europe. Elle exposoit à la nation, & en même tems aux yeux de l'Europe entiere, les sentimens des alliés d'Hanovre & leur disposition par rapport à l'alliance de Vienne : « Il faut, est-il dit » dans cette harangue, nous résoudre, » ou à nous rendre sans résistance à la » demande positive & injuste que fait le » Roi d'Espagne que nous lui rendions » Gibraltar , & que nous consentions

» paifiblement que l'Empereur jouiſſe
» d'un commerce étendu qu'il a uſurpé,
» ou bien il faut prendre le parti de nous
» mettre en état de nous faire nous-
» mêmes juſtice , & de défendre nos
» droits inconteſtables contre les enga-
» gemens réciproques dans leſquels ils
» ſont entrés ». Le Roi d'Eſpagne faiſoit
en attendant de grands préparatifs pour
affiéger Gibraltar , & la tranchée fut
ouverte devant cette Place le 22 Février 1727. Quelqu'animés & quelqu'ai-
gris que fuſſent les deux partis, les Non-
ces du Pape à Paris, à Vienne & à Madrid, renouerent les négociations, &
ce fut par leur canal que furent faites les
premieres propoſitions d'un accommodement ; après pluſieurs propoſitions
faites & combattues, les alliés d'Hanovre propoſerent à la Cour de Vienne un
projet de préliminaires, qu'ils nommerent leur *ultimatum* : ce projet ne fut
point

point agréé : on en fit un fecond, & il fut accompagné d'une déclaration que, fi l'on n'y répondoit définitivement & cathégoriquement dans un mois, les alliés d'Hanovre prendroient ce filence comme une rupture de toutes négociations. Ce projet ne fut cependant pas agréé ; mais la Cour Impériale renvoya à Paris de nouvelles propofitions, & elles y furent fignées le 31 Mai 1727, par les Miniftres de l'alliance d'Hanovre. L'Efpagne fit plufieurs difficultés, qui rouloient particulierement fur trois points. Le fujet du premier étoit que les Efpagnols avoient arrêté à la Vera-Crux un vaiffeau de la Compagnie Angloife du Sud, dont la charge étoit eftimée par les Anglois au-delà de deux millions de livres fterling. Les Efpagnols prétendoient que la reftitution de ce bâtiment, nommé le Prince Frédéric, ne pouvoit être exigée par les Anglois,

ce vaiſſeau ayant été confiſqué dans les
formes, puiſqu'il faiſoit un commerce
illicite, en ce qu'il ſe trouvoit plus
grand que ne portoit ſon ſauf-conduit.
Secondement, les Eſpagnols ne vouloient pas ſe retirer de devant Gibraltar, que les Anglois n'euſſent envoyé
des ordres à leur eſcadre de reprendre
la route de la Grande-Bretagne : enfin
ils accrochoient aux deux difficultés précédentes la diſtribution des effets de la
flotille. L'Empereur, ſans condamner
le Roi Catholique, ſon allié, n'approu-
va pas ces difficultés, & parut prendre
parti dans cette diſpute avec les autres
Puiſſances de l'alliance d'Hanovre. On
promit de rappeller inceſſamment les
eſcadres ; le ſiege de Gibraltar fut levé,
le vaiſſeau le Prince Frédéric rendu, &
chacun remit juſqu'au Congrès la diſ-
cuſſion de ſes droits & de ſes griefs. Le
lieu du Congrès, qui avoit d'abord été

(51)

fixé à Aix-la-Chapelle , & depuis à Cambray , fut transféré à Soiſſons pour la
commodité du Cardinal de Fleury, premier Plénipotentiaire du Roi de France.
Ce Congrès a été comme celui de Cambray une autre momerie , & a produit
un ſemblable effet , c'eſt-à-dire , un traité
qui n'a pas moins ſurpris que celui de
Vienne. Ce traité conclu à Séville le 9
Novembre 1729, entre la France, l'Eſpagne & l'Angleterre, n'eſt pas encore
bien connu dans ſes circonſtances (1);

(1) On croit que ce traité de Séville , ſecret
auſſi long-tems qu'il a été poſſible , ſoit pour en
ôter la connoiſſance à l'Empereur , ſoit pour
ôter en Angleterre , au parti oppoſé à la Cour,
l'occaſion d'envenimer les eſprits , par des réflexions captieuſes , avant l'ouverture du Parlement Enfin la veille que le Parlement s'aſ-
ſembla, le traité parut. Rouſſet l'a inſéré dans le
cinquieme tome de ſon Recueil Hiſtorique ,
qu'il a donné au Public en 1731.
Il a été depuis conclu un traité à Vienne entre l'Empereur & les Anglois. Le tems ap-
prendra ce qu'il contient, & quelles en ſeront
les ſuites.

D ij

mais fans l'habileté du Cardinal de Fleury qui a temporifé jufqu'à préfent, la
guerre feroit allumée. On croit que ce
traité eft l'ouvrage de la Reine d'Efpagne. Le caractere de cette Reine, celui
du Roi fon époux, & celui de fes Miniftres, eft ce qu'il y a de plus néceffaire à connoître pour démêler les motifs de ce dernier traité, & pour faire
des fpéculations politiques. La variété
de toutes les négociations paffées, montre qu'il eft bien difficile d'en faire de
certaines : ces fpéculations font, pour
l'ordinaire, auffi chimériques que le caractere des hommes eft faux & fujet à
variation. Philippe V a époufé en premieres noces Louife-Marie de Savoye,
fille du Roi Victor Amédée, qui a abdi-
qué. Cette Princeffe, remplie de douceur & de piété, s'eft fait aimer des Efpagnols : ces vertus lui étoient commu-
nes avec fon époux. La bonté du Roi,

ſa valeur & ſa piété ont gagné l'affection des Eſpagnols, qui l'aiment autant que s'il n'étoit pas François, & ce n'eſt pas peu. Lorſque ce Prince ſe rendit à Madrid pour la premiere fois, ayant remarqué la miſere où la ſtérilité des années précédentes avoit réduit ſes peuples, touché de leur état, il leur remit la moitié des droits qu'ils devoient payer : cette compaſſion charitable & ſi bien placée lui gagna les cœurs. On l'a vu pluſieurs fois déclarer qu'il ſe mettroit, pour conſerver ſes droits & ſa Couronne, à la tête du dernier Sujet qui lui reſteroit, & que ſes peuples le verroient toujours le premier dans tous les périls, pour conſerver leurs privileges & la Monarchie en ſon entier. Les marques de ſa piété n'ont pas été moins éclatantes que les marques de ſa bonté & de ſa valeur. Pendant le Jubilé que le Pape avoit accordé en 1727, pour de-

mander à Dieu la paix entre les Princes
Chrétiens, le Roi donna à un pauvre
qui lui demandoit l'aumône un bijoux
de prix, fans que perſonne s'en apper-
çût ; mais ce mendiant ébloui de la
grandeur & du prix du don, le dé-
clara. Comme ce bijoux étoit de la
Couronne, le Conſeil jugea à propos de
le retirer des mains du pauvre & de lui
donner douze mille écus, la juſte valeur du bijou, croyant qu'il n'étoit pas
permis aux Particuliers de diminuer les
graces d'un Souverain ſi pieux & ſi généreux. L'impiété des ennemis du Roi ne
contribua pas peu à augmenter l'affection que les véritables Eſpagnols avoient
pour ce Prince. Les ſacrileges & les pro-
fanations des Anglois & des Hollandois
rempliſſoient les Caſtillans d'indigna-
tion : les Catalans révoltés avoient auſſi
peu de reſpect pour la Religion Catholique : ils pilloient les Egliſes & maltrai-

toient les Ecclésiastiques. Les Portugais
même, qu'un zèle trop outré distingue
des autres nations, imitoient les Catalans dans leurs excès : les Portugais &
les Catalans établis à Ceuta complote-
rent, par une insigne trahison, de li-
vrer la Ville aux Mores ; mais le Gouverneur joua ces traîtres. Il parut être
de leur intelligence, ensorte qu'ils donnerent de faux avis aux infidèles qui se
présenterent à l'escalade : les canons
étoient chargés à cartouche : plusieurs
Mores furent tués & blessés, & le len-
demain on fit pendre les traîtres. L'affection des peuples pour Philippe V ne
fut point une affection stérile ; le Clergé,
la Noblesse & le Peuple, firent à l'envi
des efforts incroyables pour lui témoigner
leur zèle : ils envoyerent volontairement de grandes sommes à la caisse mi-
litaire ; les Prélats ne se réserverent de
leurs revenus, que ce qui leur étoit

D iv

précisément nécessaire pour subsister, &
ils abandonnerent tout le reste pour la
défense, comme ils disoient, *de Dieu,
du Roi, & de l'Etat.* Voilà des faits propres à désabuser notre nation des préju-
gés désavantageux qu'elle a quelquefois
si injustement contre les Espagnols.

Le Roi Philippe V joint aux belles
qualités que j'ai remarquées, des défauts qui paroissent incompatibles. Quoiqu'actif à la guerre, il est d'une indolence & d'une foiblesse qui paroît inalliable avec la valeur. Sa bonté naturelle
ne lui permet pas de porter ses vues à
des desseins d'une exécution épineuse &
pleine d'embarras, & ne lui laisse pas la
force de s'opposer aux projets de ceux
ou de celles qui ont pris de l'ascendant
sur lui. Il est le meilleur & le plus com-
plaisant des hommes, il est même à
craindre que cet excès de bonté ne dé-
génere avec l'âge en imbécillité.

Du tems de la premiere Reine, c'étoit la Princesse des Ursins qui regnoit despotiquement en Espagne. Le Cardinal Portocarrero, Archevêque de Tolede, l'avoit connue à Rome. Madame des Ursins étoit Françoise, sœur du Cardinal de la Trémouille, & avoit épousé le Duc de Braviano, de la Maison des Ursins. Le Cardinal de Portocarrero la fit recevoir premicre Dame d'honneur auprès de la Reine d'Espagne : cette Princesse veuve du Duc de Braviano, se rendit maîtresse de l'esprit du Roi, & a beaucoup agité & troublé l'Espagne, par son ambition & sa sensibilité contre ceux qui n'étoient pas disposés à dépendre d'elle. La Reine mourut le 14 Février 1714. Le tempérament de Philippe V ne lui permettoit pas de demeurer veuf, & cet excès de tempérament à qui la nature, dans un âge avancé, ne peut pas fournir, abrégera les jours de ce Roi. La Princesse des Urfins ambitieuse de conserver sa faveur, & dans la nécessité où l'on étoit de donner une nouvelle épouse au Roi, fixa son choix sur Elisabeth Farnese, Princesse de Parme. Elle crut que cette Princesse, si éloignée par la petitesse de ses Etats, de l'alliance d'un Roi si puissant, auroit par reconnoissance les mêmes égards pour elle, qu'avoit eu la feue Reine. L'Abbé Albéroni, qui depuis la mort du Duc de Vendôme demeuroit à Madrid, sans autre emploi que celui de chercher une nouvelle fortune, avoit fait l'ouverture de ce mariage : il en conduisit la négociation, & le succès fut le principe de cette haute fortune où il a depuis été élevé. La nouvelle Reine entra en Espagne avec la résolution de conserver pour elle, indépendamment de toute autre, le crédit & l'autorité sur le Roi son Epoux ; bien informée

de la conduite de la Princeſſe des Ur-
ſins, elle réſolut de l'éloigner ; ce
qu'elle fit en effet, ſans attendre l'ordre
du Roi, en ordonnant au Capitaine des
Gardes de l'eſcorter vers la frontiere,
& le bon Roi lui paſſa ce premier excès
d'autorité. Depuis l'avénement de cette
Reine, on a vu l'élévation & la chûte
de deux Miniſtres, du Cardinal Alberoni & du Baron de Ripperda. Le Cardinal Alberoni avoit le mérite d'avoir
propoſé le mariage de la Reine ; le Baron de Riperda avoit été le principal
inſtrument du traité de Vienne, conclu
dans un tems où le renvoi de l'Infante
avoit extrêmement irrité la Reine d'Eſpagne ; ainſi c'étoit ſervir ſon reſſenti-
ment, c'eſt-à-dire la paſſion qui lui eſt
la plus chere après l'ambition. Les intérêts de l'Eſpagne furent mal ménagés
dans ce traité ; les payemens ſtipulés
par le traité le firent ſentir. Les flottes

Angloifes qui empêchoient le paffage des gallions les rendirent impoffibles: le Baron de Ripperda fut facrifié à la vanité Efpagnole, on le remercia : fa retraite chez l'Ambaffadeur d'Angleterre le rendit criminel. Le Confeil crut qu'on devoit s'affurer d'un homme qui avoit le fecret de l'Etat : on l'enleva de l'hôtel de l'Ambaffadeur, il fut conduit au château de Ségovie, d'où il s'eft fauvé.

Le Cardinal Alberoni étoit un génie : il femble qu'il ait toujours cherché les occafions où il s'agiffoit de quelque coup d'éclat, ou qui fût difficile à conduire. Il étoit également hardi, & dans les entreprifes qu'il formoit, & dans le choix des moyens pour y réuffir. Il avoit conçu le deffein de réunir tous les Etats féparés de la Couronne d'Efpagne : il s'étoit appliqué férieufement à faire fleurir les Manufactures, le Commerce & la Marine. Il étoit paffionné pour la gloite, & pour tout ce qui avoit l'air de grandeur ; il avoit un efprit tranfcendant & un courage indomptable. Ses grandes idées ont été la caufe de fa chûte ; il eût mieux réuffi, & pour fon propre avantage, & pour celui de l'Etat, fi à toutes ces grandes qualités il eut joint des mœurs, un peu de modération & de prudence.

La Reine jouit aujourd'hui de toute l'étendue d'une faveur fans bornes. Un Efpagnol m'exprimoit en deux mots, d'une maniere bien fignificative, le caractere du Roi, & celui de la Reine. Philippe V. (difoit-il) c'eft le mari de la Reine. L'indolence & la foibleffe du Roi la laiffe maîtreffe de tout : elle a éloigné tous ceux qu'elle a cru qui ne feconderoient pas fes vues. Sa faveur ou fa haine font le deftin heureux ou malheureux de ceux qui poffedent ou qui afpirent à quelque chofe. L'afcendant qu'elle a fur l'efprit du Roi ne fçauroit être plus grand : fon autorité est toüte-puissante : elle employe tout ce crédit pour satisfaire son ambition , & sacrifie l'Espagne à ses intérêts particuliers.

Le Prince des Asturies est le seul fruit qui reste du premier mariage du Roi. Ce Prince paroît avoir toutes les qualités d'un honnête homme & d'un bon Citoyen. Il ne paroît pas qu'il ait celles d'un grand Roi. Il n'est pas d'une représentation avantageuse. La Princesse de Portugal, son Epouse, est grande, grasse & très-blanche, mais elle n'a pas un visage gracieux. On dit qu'elle a beaucoup de vertu & de mérite. On n'augure pas bien de la fécondité de leur mariage.

La Reine a de très-beaux enfans, plusieurs Princes & plusieurs Princesses. Il y a peu de Particuliers dans l'Europe qui puissent se vanter d'avoir une aussi belle famille. Ses enfans paroissent avoir été

formés par l'Amour & par les Graces.
Le Prince Don Carlos est l'aîné. Il a
beaucoup de vivacité, un peu d'impatience ; on croit qu'il ne sera pas moins
entreprenant que la Reine est ambitieuse. Le Prince Don Philippe, son frere,
donne, dans un âge peu avancé, des
marques de toutes les plus grandes vertus : il s'attache beaucoup à profiter de
la belle éducation que la Reine fait donner à ses enfans ; il fait parfaitement
bien ses différens exercices ; il parle cinq
ou six langues ; on ne l'a jamais vu s'em-
porter, ni rire avec excès ; il réunit un
air noble, sérieux & affable : il n'a aucun des défauts que l'on reproche aux
Espagnols, ni de ceux que l'on reproche
aux François ; il réunit au contraire
toutes les belles qualités de ces deux
nations.

M. Patigno, autrefois Jésuite, gouverne sous les ordres de la Reine : cet

homme lui eſt néceſſaire ; car outre qu'il eſt habile & capable ,
il lui ſert de plaſtron contre la haine publique ; il a en même-tems les
Finances & la Marine : on n'a pas cru
devoir ſéparer ces deux branches , à
cauſe de la relation eſſentielle qu'il y a
entre le commerce extérieur & le commerce intérieur. M. de Caſtellar , ſon
frere , a les affaires de la guerre. Celui-
ci eſt un homme qui aime les plaiſirs &
la dépenſe , & qui , à proprement parler , n'eſt maître de rien. Les Eſpagnols,
qui le ſentent & qui le voyent , ne lui
portent peut-être pas cette eſtime ſin-
guliere dont tout homme en place doit
être jaloux , mais il n'eſt pas haï. Patigno au contraire eſt regardé comme
l'ame damnée de la Reine , (c'eſt l'expreſſion d'un Eſpagnol) l'ambition & la
cupidité de la Reine l'empêchent de
mettre dans les Finances tout l'ordre
qu'il

qu'il feroit capable d'y introduire. Cette penfée me mene naturellement à parler de l'état préfent de l'Efpagne: je donnerai enfuite une idée du Gouvernement ; j'inférerai dans ces examens le caractere des Efpagnols, & l'on jugera de ce que la Reine devroit s'en promettre pour l'exécution de fes projets.

De tous ceux qui ont parlé de l'Efpagne, anciens & modernes, Strabon eft celui qui en parle le plus judicieufement, & je préférerai fes expreffions à celles des autres Auteurs, fur les chofes auxquelles une fuite de plufieurs fiecles n'a apporté aucun changement. « L'Efpa-
» gne, dit-il, eft un pays difficile où la
» Nature a donné peu de commodités
» aux Habitans. Les montagnes dont il
» eft coupé font ftériles, les campagnes
» font couvertes d'une terre légere : le
» défaut d'eau produit en plufieurs en-
» droits une grande féchereffe : la partie

» la plus septentrionale, outre qu'elle
» est fort scabreuse, est froide, & na-
» turellement pauvre : la partie méri-
» dionale, particulierement l'Andalou-
» sie, est d'une très-grande fertilité ».
Strabon s'étend assez sur le grand commerce qui se faisoit autrefois en Espagne. Il parle avec éloge de la finesse admirable des laines, & de la grande quantité des troupeaux. Les lapins avoient si
fort multiplié, qu'ils désoloient le pays :
on lâcha contre eux des chats d'Afrique,
chats sauvages qui les détruisoient. Les
mines d'or & d'argent y abondoient. Au
rapport de Polibe, cité par Strabon, il
y avoit assez près de Carthagène quarante mille hommes employés au travail d'une mine, & cette mine rendoit
alors aux Romains, par chaque jour,
vingt-cinq mille drachmes. Ce que Strabon dit des mines est d'autant plus curieux, qu'il parle des manieres dont on

en tiroit les métaux. Il ne faut pas
que les nouveaux Entrepreneurs des
mines se promettent d'aussi grandes
richesses que celles qu'on en tiroit
autrefois : une partie des mines est
épuisée , vraisemblablement ce sont
celles qui étoient les plus abondantes :
les frais sont augmentés , parce que tout
est devenu plus cher : les hommes manquent ; les mines des Indes sont plus fécondes , & même l'endroit où l'on tra-
vaille n'augure point un bon succès.
Il est inondé , & on prétend le mettre à
sec. La cause de ces inondations se trouve
encore dans Strabon , & elle me con-
firme de plus en plus dans la prévention
où je suis contre cette entreprise : « Les
» Andaloux , dit-il , travaillent avec un
» très-grand soin & une très-grande in-
» dustrie : ils font des canaux si pro-
» fonds , qu'ils rencontrent souvent des
» courans d'eaux. Les mines où l'on a

entrepris de travailler font en Andaloufie. Strabon s'étend fur différentes autres richeffes & productions de l'Efpagne, & auffi fur le caractere des anciens
Efpagnols, qui menoient une vie fort
dure, fort miférable, ne cultivoient
guères les terres, & vivoient de bri-
gandages : ces mauvaifes qualités ne
font pas entiérement bahnies de l'Efpagne. La lecture du troifiéme Livre de
Strabon eft curieufe, inftructive & utile
pour connoître cette partie de l'Europe.

La confufion a regné fi long-tems
dans les Finances du Roi d'Efpagne, que
peu de perfonnes en ont pu pénétrer le
myftere, & je ne hazarderai rien fur
une matiere fi embrouillée. Loin de décider quel eft le total de toutes les fortes
de revenus, il feroit fort difficile & affez long de donner une idée précife &
jufte des différentes impofitions que le

Roi leve ſur le Clergé & ſur les peuples ; ſoit en Eſpagne, ſoit dans le Nouveau-Monde : peu d'Eſpagnols le connoiſ-ſent. La vente des principales denrées, comme le vin, la viande, eſt affermée, ce qui fait une des grandes branches des revenus du Roi. Les autres ſont le ta-bac , les douanes qui ſont à l'entrée de chaque Province , les droits qui ſe le-vent ſur les marchandiſes, & ſur l'or & l'argent qu'on apporte des Indes, & une partie des revenus eccléſiaſtiques accordée au Roi, ſous le prétexte de faire la guerre aux infidèles. Je ne parle pas d'une infinité d'autres : le nom de la plûpart de ces droits eſt même ſi bi-zarre, que l'origine de ces mots & leur premiere ſignification peut faire l'objet d'une étude toute particuliere. J'ajoute-rai ſeulement que ceux qui prétendent être les mieux informés de ces droits, & en avoir fait un exact calcul, éva-

luent les revenus de l'Etat à environ
soixante - dix millions de notre mon-
noye. Le Roi a actuellement soixante-
dix mille hommes de troupes bien habillés, bien armés & bien disciplinés. Il
veut les augmenter jusqu'à cent mille
hommes. Une partie de ces troupes est
étrangere. On compte cinquante-cinq
vaisseaux de ligne, depuis soixante jusqu'à cent piéces de canon. M. Patigno
a un soin tout particulier de la Marine :
il a aussi des vues pour le Commerce,
& si l'Espagne pouvoit sortir de l'indigence où elle se trouve aujourd'hui, ce
Ministre seroit bien capable de la rendre
florissante. La Reine fait passer beaucoup d'argent en Italie, pour n'en pas
manquer en cas de viduité. La Cour
d'Espagne est toujours sans argent, &
tous les payemens sont fort reculés.

Deux choses qui font la grandeur &
la puissance des Etats, la culture & le

commerce font fort négligés en Eſpagne. Le nombre des Habitans qui eſt néceſſaire pour animer la culture des terres & le commerce , manque à l'Eſpagne , & le peu qu'il y en a eſt très-pa-
reſſeux & très-orgueilleux. Un Payſan
eſt aſſis devant ſa porte, dans une place ,
ou au coin d'une rue , les bras croiſés &
le manteau ſur l'épaule , occupé de ſes
réflexions , ou d'une guittare diſſonante :
il eſt pauvre & mal accommodé chez
lui ; mais il ſoutient ſon indigence avec
un air de gravité qui impoſe. Les richeſſes font entre les mains des Grands ,
tant Séculiers qu'Eccléſiaſtiques. Les Eſpagnols ne veulent pas s'abaiſſer à la
plûpart de ces bas emplois que la néceſ-
ſité des hommes a fait naître , ils les
laiſſent à des étrangers ; & comme la
plûpart ſont des Auvergnacs , cela peut
avoir contribué à augmenter le mépris
que les Eſpagnols portent aux François ;

E iv

ils ont jugé de la nation par ces hommes mercenaires.

Plusieurs raisons rendent l'Espagne déserte, en comparaison de ce qu'elle étoit autrefois. La premiere est l'expulsion des Mores & des Juifs, chassés par Ferdinand & Isabelle, après la conquête du Royaume de Grenade ; leur nombre, au rapport de Mariana, montoit à cent soixante-dix mille familles. Les Mores & les Juifs qui resterent firent profession de la Religion Catholique. Ils étoient dispersés dans tout le Royaume ; c'étoient des gens agissans & industrieux, & les seuls Laboureurs & Artisans qu'il y eût en Espagne. Philippe III, poussé d'un zèle indiscret & mal entendu, les bannit entiérement : il en sortit plus de neuf cens mille, ce qui rendit deserts presque toute l'Andalousie, & les Royaumes de Grenade, de Cordoue & de Murcie. Les guerres continuelles que les Rois Catholiques ont eu à foutenir pendant deux fiecles, en Flandre & en Italie, & la découverte des Indes, d'où il ne revient tout au plus qu'un quart du monde qui y paſſe, ont beaucoup contribué à dépeupler l'Eſpagne. Les femmes, d'ailleurs, n'y font pas naturellement fécondes, & les hommes y font extrêmement débauchés. Les Eſpagnols font d'un tempérament extraordinairement chaud, enforte qu'ils s'épuiſent tellement avec leurs maîtreſſes, que la plûpart ſe rendent incapables de remplir les devoirs du mariage, où ils contractent des maux ſi funeſtes, que la plûpart des enfans portent de triftes marques des déſordres de leurs peres. Le mariage ne rompt point ces commerces criminels; ce qui fait que bien ſouvent les femmes, recluſes comme des Religieuſes, tandis que leurs maris courent les aventures amoureuſes, ſe voyant méprisées, cherchent à se dédommager aux dépens de la foi conjugale. Il n'y a point d'intrigues dont elles ne se servent, de ressorts qu'elles ne fassent jouer. L'on est surpris comment des femmes qui ont toujours été enfermées se trouvent si subtiles & si effrontées, lorsqu'il est nécessaire de le paroître pour soutenir une intrigue.

Le commerce de l'Espagne est fort considérable, sur-tout à cause de celui du Mexique & du Pérou qui en fait partie. Les Espagnols se sont réservés pour eux seuls le commerce des pays qu'ils possedent dans l'Amérique; mais néanmoins les autres nations y ont plus de part qu'eux-mêmes. Je rapporterai à ce sujet un passage curieux du Criticon de Balthazar Gracian : « Tous cherchent » l'Espagne & en succent le meilleur : » ce sont les véritables Indes de la Fran- » ce. Que si les Espagnols tirent l'or &

» l'argent des Indes pour des épingles
» & autres bagatelles, cet or & cet ar-
» gent s'en va auffi-tôt à Paris pour d'au-
» tres bagatelles ; les François profitant
» ainfi de ce qu'apportent les flottes,
» mais fans frais, fans tirer un coup de
» canon, fans perdre une goutte de
» fang, fans travailler aux mines, fans
» entrer au fond de la terre, fans dé-
» peupler l'Etat, & fans courir les
» mers ni s'expofer au naufrage ; l'Ef-
» pagne trouve les Indiens au Nouveau-
» Monde, & la France les fiens en Ef-
» pagne ». Si Balthazar Gracian vivoit
aujourd'hui, il auroit dit des Anglois ce
qu'il dit des François.

L'Amérique ne peut fe paffer des
marchandifes & des manufactures de
l'Europe ; l'Efpagne, dont les peuples
font peu laborieux, & dont la terre eft
mal cultivée, n'eft pas en état de fournir les chofes néceffaires à ces nom-

breufes Colonies : les étrangers n'étant pas satisfaits des profits immenfes qu'ils font en les vendant aux Efpagnols , ont trouvé le moyen de les faire avoir aux Américains de la premiere main , & par-là de ne partager le profit de leurs marchandifes avec qui que ce foit. Ils s'affurent d'un Efpagnol fidèle à qui ils confient leurs effets , qui font envoyés & vendus dans les lieux de leur deftination , fous le nom du Négociant national , à qui l'on paye un droit de commiffion. Ce commerce fe fait par le moyen des gallions & de la flotte. L'on appelle gallions les vaiffeaux Efpagnols qui vont porter les marchandifes deftinées pour le Pérou ; on les décharge à Porto-Bello , d'où elles font tranfportées par terre à Panama , & de-là par mer à Lima , Capitale du Pérou. Porto-Bello eft fur la mer du Nord, Panama fur la mer du Sud , l'un & l'autre fitués fur l'Ifthme qui joint l'Amérique feptentrionale à la méridionale, & qui dans cet endroit n'a pas plus de dix-huit lieues de largeur. La flotte eft deftinée pour le Mexique, & décharge à la Vera-Crux. On nomme flotille quelques vaiffeaux qui dévancent les autres au retour, & qui viennent donner avis du départ & du chargement de la flotte & des gallions. Les gallions peuvent partir en tout tems de Cadix, où s'en fait l'armement. La flotte ne peut partir que vers le mois d'Août, afin de n'avoir pas les vents contraires dans le golfe du Mexique. Le commerce qui fe fait à Acapulco eft le plus confidérable, après celui de Porto-Bello & de la Vera-Crux. Acapulco eft le Port du Mexique, du côté de l'Oueft du continent fur la mer du Sud, comme la Vera-Crux l'eft du côté du Nord. Le commerce des Philippines fait la plus grande richeffe d'Acapulco. Ce commerce se fait par deux vaisseaux. Leur charge au Port d'Acapulco est composée partie de marchandises de l'Europe, qui viennent du Mexique par la Vera-Crux, & partie des marchandises de la Nouvelle-Espagne. La cargaison, au retour, est de tout ce que la Chine & les Indes orientales produisent de plus riche & de plus précieux. Une partie de ce retour est transportée à la Vera-Crux, & de-là vient en Europe par la flotte. Les Chinois & les Japonois font un grand commerce aux Philippines. S'il n'est pas permis aux François d'y aborder, on pourroit se servir des Chinois pour faire par les bouriques d'Acapulco le commerce du Mexique, dont les Philippines seroient l'entrepôt ; & je crois que ce commerce, bien entendu & bien conduit, fourniroit les piastres dont on a indispensablement besoin pour le commerce des Indes.

Pour travailler aux mines qui font dans l'Amérique Efpagnole , on fe fert de Nègres , & c'eft la Compagnie Angloife du Sud qui les fournit. Cette Compagnie établie à Londres vers la fin du dix-feptieme fiecle , fut, dans fon origine , moins un véritable établiffement de commerce , qu'un moyen de politique pour trouver un fecours prompt & fuf-fifant dans les preffans befoins de l'Angleterre. Les longues guerres entre la France & la Grande - Bretagne , avoient tellement épuifé l'un & l'autre Etat , qu'on fut obligé d'avoir recours aux différens moyens qui fe pratiquent dans les urgentes néceffités. On fe fervit en Angleterre du fantôme d'une nouvelle Compagnie , pour trouver dans les foufcriptions des Intéreffés , du crédit & des fonds en argent comptant. Les Anglois ne fongerent pas férieufement pendant le cours de la guerre pour la

fucceffion d'Efpagne, à prendre un pofte
dans l'Amérique du côté du Sud, ce qui
étoit le projet dont on avoit flatté un
peuple fi jaloux de voir que les Efpagnols en font les feuls maîtres. Les fonds
de cette Compagnie furent détournés
pour la guerre, le prix des actions en
étoit baiffé confidérablement, & feroit
tombé totalement fans le fecours im-
prévu que la Compagnie reçut en
1713. Les François avoient joui depuis
1702 jufqu'en 1712, du traité de l'Affiente, c'eft-à-dire, s'étoient chargés de
faire la traite des Nègres pour l'Amérique Efpagnole. Le mot d'Affiente, par
lui-même, ne fignifie que Ferme. Ce fut
dans cette traite des Nègres, qui par la
paix d'Utrecht fut cédée aux Anglois,
que la Compagnie du Sud trouva non-
feulement de quoi fe relever de cet état
languiffant qui fembloit annoncer fa
chûte prochaine, mais encore de quoi

fe

se mettre plus qu'en parallele avec les Compagnies de commerce les plus flo-rissantes en Angleterre. Le traité fait avec la Compagnie Angloise est, en plu-sieurs articles, sem blable à celui qui avoit été conclu avec la Compagnie Fran-çoise ; mais il est beaucoup plus avanta-geux par plusieurs autres. Le premier n'a duré que dix ans , & le dernier doit durer trente ans. La fourniture que la Compagnie du Sud doit faire, est de qua-tre mille huit cens Nègres par an , pour lesquels elle doit payer le droit sur le pied reglé par les François , trente trois piastres un tiers pour chaque Nègre , *piece d'Inde*. C'est le terme qu'on em-ploye pour signifier un Nègre bien con-stitué , & dans la force de son âge , de-puis quinze jusqu'à trente ans ; car les autres payent moins. Un article parti-culier , le plus considérable de tous , & qui n'étoit pas dans le traité fait avec les François , accorde aux Anglois la permiſſion d'envoyer dans les Ports de l'Amérique Eſpagnole, chaque année des trente que le traité doit durer , un vaiſſeau de cinq cens tonneaux , chargé des mêmes marchandiſes que les Eſpagnols ont coutume d'y porter , avec la liberté de les vendre & débiter , conjointement avec eux , aux foires de Porto-Bello & de la Vera-Crux. La fourniture des Nègres , & pluſieurs autres articles qui accordent pluſieurs priviléges à la Compagnie de l'Aſſiente , ne lui apportent point tous enſemble , autant de profit que cette ſeule faculté donnée aux Anglois contre l'ancienne politique & la jalouſie ordinaire des Eſpagnols. A l'égard du commerce de l'Amérique , les Anglois , toujours attentifs à ce qui regarde leur commerce , ont fait depuis ajouter à ce traité de nouveaux articles, pour expliquer quelques-uns des anciens il eſt porté par ces nouveaux articles , que le traité ne ſeroit cenſé commencer qu'en 1714 ; qu'il ſeroit permis aux Anglois d'envoyer leurs vaiſſeaux marchands chaque année , quoique la flotte ou les gallions ne vinſſent point à l'Amérique ; & que pendant les dix premieres années , ce vaiſſeau pourroit être de 650 tonneaux. Il fut encore reglé que les marchandiſes qui reſteroient de celles qui auroient été portées en Afrique pour la traite des Nègres , ſeroient renvoyées en Europe , ou portées dans les Iſles Antilles Angloiſes , ſans qu'il fût permis de les vendre dans l'Amérique Eſpagnole ; mais les Anglois viennent d'obtenir récemment qu'il leur ſeroit permis de les vendre ; ce qui eſt, à proprement parler , un ſecond vaiſſeau de permiſſion.

Pour achever de faire connoître le commerce que les Anglois font dans

l'Amérique Espagnole, j'ajouterai ce qui
eſt dit dans l'excellent Livre des mal en-
tendus de l'Angleterre : « La ſeconde
» branche de notre commerce d'Amé-
» rique, dit l'Auteur, eſt la contre-
» bande que nous faiſons dans les pays
» de la domination d'Eſpagne. Nous
» envoyons à la Jamaïque des marchan-
» diſes propres pour la conſommation
» des Colonies Eſpagnoles, & nos vaiſ-
» ſeaux les reportent furtivement aux
» lieux où nous avons des correſpon-
» dans ; nous les y débitons argent
» comptant, ou nous recevons en paye-
» ment des marchandiſes précieuſes, &
» ſur leſquelles on fait de gros gains,
» comme de la cochenille & de l'indigo.
» Quoique l'on ne puiſſe pas connoître
» à fond les produits de ce commerce,
» l'on en ſait aſſez pour aſſurer qu'il
» monte au moins à ſix millions de pié-
» ces de huit par an : non-ſeulement

» ce négoce ne nous eſt permis par au-
» cun traité, mais il nous eſt même
» défendu très expreſſément ». On appelle les piaſtres piéces de huit, parce
qu’une piaſtre vaut huit réaux de plate.
Sous les derniers Miniſtres il y a eu
quelques variations dans les monnoyes
d’Eſpagne, & depuis ce tems on diſtin-
gue deux ſortes de piaſtres. La piaſtre
effective, & la piaſtre idéale ; la premiere de dix réaux de plate, & la ſeconde de huit. Le réal de veillon vaut
un peu plus de cinq ſols. Cette variation
dans les monnoies a attiré à ſes Auteurs
la haine des Eſpagnols ; & en effet on
n’y devroit jamais toucher que pour
éviter de grands maux, ou faire de
grands biens. Tâchons de donner une
idée du Gouvernement.

Autrefois, du tems des Goths, la
Couronne d’Eſpagne étoit élective, &
les enfans des Rois n’y pouvoient pré-

tendre que par le confentement unani-
me des Grands du Royaume, & des
Etats. A préfent elle eft fucceffive de
pere en fils ; & au défaut des Princes,
les Princeffes fuccédent. Le Gouvernement eft purement monarchique. Le Roi
peut ordonner, commander, difpofer
de tout defpotiquement à fon gré, fans
le concours des fuffrages de perfonne,
& fans être obligé de rendre compte de
fa conduite qu'à Dieu feul, fi ce n'eft
qu'il entreprît de renverfer la difpofi-
tion des Loix fondamentales de l'Etat,
qu'il promet folemnellement de maintenir & de conferver, lorfque les Etats
du Royaume lui prêtent ferment de fidélité. Autrefois même que les Rois étoient
élus, ils étoient néanmoins abfolus. Je
ne parle pas des Rois d'Arragon, je
parle de Pélage. Caron dit qu'il fe cei-
gnit lui-même l'épée en figne de fouve-
raineté. Les Rois, par une modération

qu'on ne sçauroit trop louer, ne décident ordinairement rien d'important, sans avoir pris auparavant l'avis de ceux qu'une étude sérieuse des Loix du Pays, & une longue expérience du maniement des affaires, ont rendus habiles dans tout ce qui regarde la Politique, la Milice, la Police, l'administration de la Justice, & la direction des Finances. « Les Espa-
» gnols, dit un Auteur critique, n'ont
» pas moins d'amour & de zèle pour
» leur Prince, que les François ; ils veu-
» lent néanmoins en être traités plu-
» tôt comme amis que comme Sujets,
» quoique l'autorité n'y soit pas moins
» grande qu'en France : mais si le Roi
» leur commande en pere, ils sçavent
» lui obéir en fils soumis & respectueux.
» Ils ont de la fermeté, & ne sont d'u-
» sage que lorsqu'on les manie légére-
» ment. La contrainte les fait ressem-
» bler au verre, qui ne sçauroit plier

F iv

» qu'en se rompant, & qui blesse même
» la main de celui qui le brise ».

Ce n'est que depuis l'union des Couronnes de Castille, d'Arragon, des Etats & Royaumes qui en dépendent, avec ceux d'Autriche & de Bourgogne, que le Roi d'Espagne a cru que sa puissance le mettoit hors du pair avec les autres Princes de la Chrétienté, & qu'il a disputé la préféance à la France. Par le narré historique & désintéressé, que M. de Wicquefort fait de tout ce qui s'est passé sur ce sujet à Venise, à Trente & à Rome, l'on découvre l'injustice de la prétention des Espagnols, & l'on voit que les François ont toujours soutenu leur droit avec cette noble fermeté qui est si bien séante & si naturelle à ceux qui ont la double raison & de la justice & de la possession.

Rien n'est plus sage ni mieux entendu que l'ordre du gouvernement Espagnol,

& cette diverſité de conſeils particuliers dont il eſt compoſé, ſelon les différens objets, guerre, finances, juſtice, &c. Tous ces conſeils ſont ſubor-
donnés au Conſeil d'Etat. Il y a auſſi
divers Conſeils, ſelon les divers Pays
où s'étend la domination Eſpagnole. Par
exemple, lorſqu'ils avoient autrefois des
Etats en Italie, il y avoit un Conſeil
établi dans l'Italie même, qui ſe formoit
de la correſpondance & de la relation
qui s'obſervoit entre les Miniſtres qu'ils
y entretenoient, & ſurtout entre le
Gouverneur de Milan, le Vice-Roi de
Naples, l'Ambaſſadeur de Rome, &
celui de Veniſe : le réſultat de leur avis,
avec une relation fidèle des faits, étoit
envoyée en Eſpagne, à un Conſeil
compoſé de perſonnes entendues dans
les affaires d'Italie, & qui ayant paſſé
par les grands emplois de ce Pays-là,
en avoient des notions exactes : ils di-

geroient la matiere de nouveau , & leurs
réfolutions étoient portées au Confeil
d'Etat, pour examiner fi elles pouvoient
trouver place dans l'ordre des affaires
de la Monarchie ; & fi ce qui étoit conforme au bien de l'Italie, ne feroit pas
contraire au bien général de l'Efpagne.
C'eft-là l'image de ce qui fe pratique
encore aujourd'hui pour les Indes. Ce
que l'on reproche aux Confeils d'Efpagne, c'eft leur lenteur, elle eft fort
préjudiciable à ceux qui en attendent
juftice. Cette lenteur eft d'autant plus
condamnable , que les Efpagnols ne
manquent pas de pénétration ; jamais
hommes n'en eurent davantage , & ne
furent plus capables de concevoir en un
inftant tout le fond d'une affaire , &
d'en appercevoir le fort & le foible.
Autant cette lenteur eft pernicieufe
dans les Tribunaux établis pour l'admi-
niftration intérieure d'un Etat, autant

elle eſt avantageuſe dans les négociations étrangeres. L'Eſpagnol , arrêté &
fixé à toutes les circonſtances d'une
affaire , y fait paroître toute la délicateſſe des reſſorts de ſon eſprit ; & par
une opérationl ente & circonſpecte, il
s'aſſure du ſuccès de tout ce qu'il peut
manier avec loiſir , & ſans être preſſé.
Il profite du foible qu'ont la plûpart des
autres Nations , qui eſt de ſouhaiter
avec impatience ce qu'elles ont une
fois commencé d'eſpérer : il émouſſe ſi
fort par ſon flegme leur empreſſement ,
qu'enfin, ennuyées de ne rien conclure,
elles ſacrifient leurs intérêts à leur tranquillité.

Le Roi envoye dans les principales
Villes des Corrégidors , qui ſont des
Magiſtrats pour rendre la Juſtice , &
faire obſerver la Police. Les Corrégi-
dors nomment des Alcades pour les
Bourgs & les Villages. Le devoir de ces

Magiftrats, & de tous les autres des différens Tribunaux, ou différentes Jufti-
ces, leur eft prefcrit & marqué par les
Loix. Le Roi nomme à tous les Arche-
vêchés & Evêchés de fon Royaume,
aux Abbayes, à l'exception de quelques-
unes qui font électives, à quantité de
Dignités Eccléfiaftiques, Bénéfices &
Commanderies. Plufieurs Canonicats
s'acquierent par la difpute. Les Char-
ges ne s'achetent pas : il eft ordonné
par les Loix de ne les donner qu'au mérite.

Le nouveau Recueil des Loix en qua-
tre Volumes *in-folio*, fait fous le regne
de Philippe V en 1723, m'a paru fort
imparfait ; & je crois qu'il eft impoffi-
ble d'acquérir une connoiffance parfaite
des Loix, fans recourir à celles de Fu-
crojufgo, de l'Affieté - Partidas, & de
Tozo. Le Fucro - Jufgo eft un Recueil
qui a été fait du tems des Rois Goths :

il eſt compoſé des anciennes Loix & Uſages d'Eſpagne , des Ordonnances des Rois, des Decrets des Conciles Nationaux , & de pluſieurs diſpoſitions du Code Théodoſien. Fucro-Juſgo eſt un compoſé de Fucro, qui ſignifie Loi, & de Juſgo, qui vient de Juſgar, qui ſignifie juger. Les Loix de l'Aſſieté Partidas , ſont ainſi appellées , parce qu'elles ſont diviſées en ſept parties. C'eſt Ferdinand III , dit le Saint , qui les fit recueillir, & ſon fils, le Roi Alphonſe X, dit le Sage & l'Aſtronome , les fit publier. Les deux premieres Parties traitent des Matieres Eccléſiaſtiques : on confondit les anciens Statuts des Conciles d'Eſpagne, avec les Conſtitutions récentes des Papes ; & c'eſt cette confuſion qui a donné lieu aux Papes d'étendre en de certains cas leur Juriſdiction ſur les Matieres Eccléſiaſtiques d'Eſpagne : cette époque doit être remarquée , pour ſe mettre en

état d'approfondir le gouvernement intérieur de l'Eſpagne : les Loix de Tozo
portent ce nom, parce que c'eſt celui
d'une Ville du Royaume de Léon, où
elles furent publiées ſous le règne de
Ferdinand V, dit le Catholique : ces
Loix traitent particuliérement des Matieres Criminelles & des Mayoraſques.
Charles-Quint, Philippe II, Philippe III,
Philippe IV, & Charles II, ont fait publier des Loix ſous le titre de Réco-
pilacion. Ces Loix n'aboliſſent celles
de Fucro-Juſgo, de l'Aſſieté - Partidas,
& de Tozo, qu'autant qu'elles y déro-
gent ſpécialement ; & pour les cas ou-
bliés dans ces Recueils, on doit avoir
recours aux anciennes diſpoſitions des
Loix, dont ces Recueils ne ſont, à proprement parler, que des Extraits faits
avec plus d'ordre.

Par le privilege du Mayoraſque, une
Terre ne ſçauroit être aliénée, & les

Créanciers ne peuvent se saisir que du revenu, dont on prélève une pension honnête pour le Propriétaire. La Noblesse n'est pas, comme en France, retirée dans ses Terres : elle n'a point de droits particuliers pour la Chasse, qui est permise à tout le monde, excepté sur les plaisirs du Roi. Ainsi la Noblesse vit dans les Villes, sans aucune distinction au-dessus de la Bourgeoisie, qui n'est pas moins fiere qu'elle.

Plusieurs Auteurs ont écrit que les Grands font ce qu'étoient autrefois les Ricoshombres ; mais je crois qu'il y avoit entre eux la même différence qu'il y a du genre à l'espece ; que tous les Grands étoient Ricoshombres, mais que tous les Ricoshombres n'étoient pas Grands. Les Ricoshombres, dans une Loi de Jean I, publiée à Guadalaxarra, font nommés, après les Infants, les Ducs, les Comtes & les Marquis ; &

ce ftyle s'obferve encore dans les Cé-
dules Royales. Les Grands répondent
aux anciens *Magnates*, dont il eft parlé
dans un Concile de Tolede. Par les Conciles d'Efpagne, on s'affure de certaines
circonftances, de certains faits, & l'on
fixe de certaines époques. Les Grands
font appellés *Primates* dans le Fucro-
Jufgo : ils avoient droit d'élire les Rois
du tems des Goths. Alors les Efpagnols
étoient pauvres, & les richeffes qui fou-
tiennent & animent la force des Etats,
pouvoient donner à ceux qui les poffé-
doient un luftre & une gloire fondée
fur les fervices qu'ils étoient en état de
rendre. La prérogative de fe couvrir
devant le Roi, eft confidérée comme la
principale de celles qui font attachées à
la Dignité de Grand : mais quelque
droit que puiffe donner la Grandeffe,
on ne peut fe mettre e   flexion des
honneurs, quoiqu'attachés au titre, fans

ordre

ordre du Roi. Sous Ferdinand & Isabelle, non-seulement les Grands, mais encore toutes les personnes titrées, Comtes & Marquis, avoient droit de se couvrir devant le Roi. Lorsque Charles-Quint passa en Allemagne pour être couronné Empereur, les Seigneurs Allemands furent choqués de la fierté des Espagnols qui se couvroient, & ils déclarerent qu'ils ne se trouveroient pas au Couronnement à Aix-la-Chapelle, en concurrence des Grands d'Espagne couverts. Charles-Quint, par le moyen de Don Fadrigue de Tolede, Duc d'Albe, persuada aux Espagnols de se découvrir, leur promettant de leur rendre cet honneur; & en effet, quelque tems après, il en fit couvrir quelques-uns, tant en Allemagne qu'en Espagne, mais il en restreignit le nombre aux principaux Seigneurs, & rendit plus rare cet honneur. Il y a plusieurs sortes de Grands;

il y en a qui le font à vie feulement ; lorfque le Roi leur dit, en les nommant par leur nom, *couvrez-vous*, on entend que cela eft attaché à leur perfonne, & ne doit pas paffer à leur poftérité ; il y en a d'autres qui le font à place, & ces Dignités font attachées aux Terres qu'ils poffédent. Ce font ceux à qui le Roi dit, *Marquis*, ou *Comte* d'un tel endroit, en nommant la Terre, *couvrez - vous*. Tous les Ducs font Grands ; ces Digni- tés font héréditaires aux familles , & au défaut des mâles, les filles les por- tent à leurs maris, tellement qu'il y a des Seigneurs qui ne font Grands que du côté de leurs femmes, & d'autres qui ont plufieurs Grandeffes confondues en- femble par leurs mariages, & par les héritages qui leur font échus. On diftin- gue encore les Grands d'une autre ma- niere, & ils font partagés en trois claf- fes. Les premiers fe couvrent avant que

de parler au Roi. Les seconds ne se couvrent que quand ils lui ont parlé, avant
qu'il leur ait répondu, & les derniers
se couvrent après qu'ils ont reçu sa ré-
ponse. Nonobstant cette diversité de degrés qui est entre eux, ils n'ont aucune
préséance les uns sur les autres dans la
Chapelle du Roi : le premier qui arrive
y prend, sans difficulté, la premiere
place. La Reine reçoit leurs femmes de-
bout, & leur donne un carreau dans sa
chambre. Le Roi les traite de Princes
dans les Lettres qu'il leur adresse.

Il y a divers Ordres de Chevalerie en
Espagne. Le plus connu parmi nous est
celui de la Toison d'Or : le Collier de
l'Ordre tient un petit Mouton suspendu,
avec cette devise : *Pretium non vile la-
borum.* Digne récompense des travaux.
Il est fort difficile de l'obtenir, & on ne
le donne guères qu'aux Princes, soit à
ceux de la Famille Royale, soit aux

Etrangers. Cet Ordre doit son origine à la Maison de Bourgogne. Philippe-le-Bon, Duc de Bourgogne, l'institua en 1429, dans la solemnité de ses noces avec Isabelle de Portugal. La Maison d'Autriche a hérité de cet Ordre avec les autres biens de la Maison de Bourgogne; ainsi il me semble que cet Ordre devroit moins être regardé comme un Ordre de la Couronne d'Espagne, que comme un Ordre de la Maison d'Autriche. Les autres Ordres de la Chevalerie, comme ceux de Saint Pierre d'Alcantara & de Calatrava, ont été établis à l'occasion des guerres que les Espagnols ont eu à soutenir contre les Infidèles. Les Rois récompensoient par cet honneur les Gentilshommes qui s'étoient distingués par leur valeur, & encourageoient les autres à bien faire leur devoir, dans l'espérance d'obtenir un honneur semblable. Ils y attacherent diverſes Commanderies; ils leur donnerent quelques unes des Villes qu'ils prirent ſur les Mores; & ceux qui mouroient ſe faiſoient un devoir de conſcience de leur laiſſer quelque legs pieux, afin qu'ils euſſent de quoi ſoutenir l'honneur de la Religion contre les Mores. Autrefois ils faiſoient des Vœux, comme aujourd'hui les Chevaliers de Malthe; mais dans la ſuite les Grands Seigneurs ayant été honorés de ces Ordres, demanderent au Pape la permiſſion de ſe marier, & l'obtinrent. Depuis ce tems-là, il leur a été permis à tous de prendre femme. Ces trois Ordres avoient encore autrefois leurs Grands - Maîtres, qui les gouvernoient pour le ſpirituel & le temporel, de même que le Grand-Maître de Malthe gouverne le ſien. Ils étoient devenus ſi puiſſans & ſi riches, que Ferdinand-le-Catholique inquiet de leur puiſſance, & paſſionné pour leurs grands revenus, réunit à la Couronne les trois grandes Maîtrises, & établit, en 1489, un Tribunal Souverain pour la Police de ces Ordres, sous le nom de Conseil des Ordres.

On a ordinairement une idée bien fausse du Clergé d'Espagne. On le regarde comme un Clergé très-riche & très-ignorant. La premiere de ces deux qualités est aussi vraie que la seconde est fausse. Le haut Clergé d'Espagne, les Evêques & les Chapitres sont sçavans, vivent d'une maniere réguliere, & sont beaucoup plus charitables que dans les autres Pays Catholiques de l'Europe. Cette seule & derniere qualité les rend respectables. Ce ne sont point les gens de condition à qui les Evêchés sont affectés ; au contraire, comme ils négligent de s'en rendre capables, il y en a très - peu qui soient élevés à l'honneur de l'Episcopat. On parvient à cette Dignité par le mérite ; & quoiqu'il soit vrai qu'en général les Espagnols ne font pas sçavans, cependant, comme le corps des Evêques est un corps choisi & formé de ce qu'il y a de plus exemplaire & de plus habile, un tel corps est à l'abri des calomnies dont les Hérétiques l'ont malicieusement attaqué. Le défaut qu'on peut leur reprocher, est de ce qu'ils s'attachent trop à la Théologie Scholastique. C'est le goût de la Nation qui a naturellement l'esprit fort subtil & fort métaphysique ; peut-être aussi que la crainte de l'Inquisition ne leur permet pas de sortir de cette sphère, & de prendre l'essort : les sciences, ainsi que le commerce, veulent liberté & protection. Ce qu'on dit des Moines est outré, & on a eu tort d'outrer ; car on en pouvoit dire assez de mal, sans s'éloigner de la vérité. Parmi les Religieux, les Jésuites font presque les seuls

qui fe diftinguent des autres par la ré-
gularité de leurs mœurs, & leur atta-
chement aux Sciences & aux Belles-
Lettres.

La févérité que les Efpagnols affec-
tent, & qui eft conforme à leur tempérament, réuffit avec ces efprits fpécula-
tifs & fiers, mélancoliques & glorieux.
Il n'y a pas de doute que l'Inquifition
n'ait préfervé l'Efpagne de l'héréfie, &
fait impreffion fur des Peuples dont la
nature eft circonfpecte, & qui cherchent
de la fûreté en tout ce qu'ils entrepren-
nent. L'Inquifition n'a pas eu le même
fuccès en Flandres. L'efprit des Flamands
eft incapable de fe rendre à la force; ils
font ennemis de toute forte de con-
traintes, & il n'y a pas de chaîne qui ne
leur pefe, quelque néceffaire & quelque jufte qu'elle foit.

Il eft difficile de donner une connoiffance exacte de l'Inquifition. Il n'eft pas

même de la prudence d'un Voyageur de vouloir pénétrer ce qu'on veut qui foit impénétrable. La Relation de l'Inquifition de Goa, l'Hiftoire de l'Inquifition, & les Mémoires pour fervir à l'Hiftoire de l'Inquifition, font des Traités fort fuperficiels, & remplis de traits odieux, & qui, quelquefois font faux : une Hiftoire de l'Inquifition, par Limborhn, eft la plus détaillée & la plus exacte, quoique l'Auteur fût Hérétique. Ceux qui font foumis à la Jurifdiction de ce Tribunal, n'ont pas la liberté d'en parler. Je n'approfondirai pas la matiere ; elle exigeroit un grand Traité. Je rapporterai feulement quelques traits certains, avérés, &, comme je me le fuis propofé, propres à faire diftinguer fur plufieurs articles, le vrai d'avec le faux.

Il eft inutile, pour connoître l'Inquifition d'Efpagne, d'en rechercher l'origine, au-delà du regne de Ferdinand-le-

Catholique. Ce Prince l'établit par le conseil de la Reine Isabelle. La politique le demandoit, car les Mores n'étoient Sujets que par force, & prêts à la première occasion de se révolter; les Juifs les auroient secourus, parce qu'ils les haïssoient moins, & qu'ils auroient eu plus de liberté sous leur domination : ainsi cet établissement fut dans Ferdinand une vue de politique, & dans Isabelle une vue de piété & de zèle. L'Inquisition est indépendante des Evêques, qui sont cependant les Inquisiteurs naturels de la foi. Dans le commencement de cet établissement, ce Tribunal n'étoit composé que de Dominicains, mais aujourd'hui ils y ont fort peu de part. Le Roi d'Espagne en est le Protecteur & le Président né. Il nomme l'Inquisiteur Général, qui est confirmé par le Pape, & cet Inquisiteur Général nomme les Inquisiteurs subalternes; mais sa nomination doit être confirmée par le Roi. Le Conseil Suprême qui réside à Madrid , est composé de l'Inquisiteur Général , & de six Conseillers , qui ont le titre d'Inquisiteurs Apostoliques. Tous les Tribunaux de l'Inquisition établis dans les Etats soumis à l'Espagne , relevent de ce Conseil. On peut appeller d'un Tribunal particulier à l'Inquisiteur Général , & on ne peut appeller de l'Inquisiteur Général qu'au Roi. On n'arrête point un Ecclésiastique , ou un homme de condition , sans en avoir prévenu l'Inquisiteur Général , & tous les ans on lui envoye un état des Prisonniers. Innocent III , pour mettre l'Inquisition en faveur , accorda de grands Privileges & des Indulgences à ceux qui lui prêteroient la main pour chercher & punir les Hérétiques ; & comme s'ils étoient censés de la famille de l'Inquisiteur , on les appelle *Familiers.* Il y en a beaucoup, à cause des grands Privileges dont ils jouiffent.

D'ordinaire, l'Inquifition ne fe détermine point à arrêter quelqu'un, fans avoir bien examiné la qualité du Dénonciateur; & fouvent même elle fait avertir celui qui eft dénoncé, afin qu'il fe corrige, s'il eft coupable, ou qu'il fe juftifie, s'il eft innocent. On fait un inventaire exact des biens des Prifonniers, & lorfqu'ils font innocens, on doit les leur rendre, après qu'on en a déduit leur dépenfe. S'ils font coupables d'héréfie, leur bien eft confifqué au profit du Roi, & la confifcation eft vendue à l'enchere. Il y a un Receveur à cet effet nommé par l'Inquifition, & le Roi le fait auffi Procureur du Fifc. Il paye les dépenfes, les frais, les gages, les commiffions, & tout ce qui doit fe prendre fur les confifcations, ce qui abforbe ordinairement les biens des innocens.

comme ceux des coupables ; en forte qu'à proprement parler , le Roi n'eft, dans cette occafion, qu'un prête-nom à l'Inquifition. Si un fils déclare fon pere , il n'eft pas déshérité : loi auffi terrible & auffi dangereufe, qu'eft injufte celle de dépouiller les fils innocens d'un pere coupable. Il eft, à la vérité, recomman-dé aux Inquifiteurs de leur faire des cha-rités, mais ce n'eft pas la loi qu'ils exé-cutent le mieux.

Quoique les Inquifiteurs foient affu-jettis à de certaines régles, il y a beau-coup de chofes qui font laiffées à leur difcrétion. L'application des loix à un fait particulier ; la procédure, & la ma-niere de tirer l'aveu du coupable, dé-pend beaucoup de leur volonté ; les In-quifiteurs fe conduifent plus par l'u-fage & la pratique, que par les loix. Ils engagent par ferment ceux qui for-tent de l'Inquifition, à garder le fecret :

on ne ſe ſert pas ſeulement de l'Inquiſition contre les héréſies, & pour la ſû-
reté des conſciences ; beaucoup de crimes purement civils, qui ne peuvent
être punis ſelon les formes ordinaires,
y ſont renvoyés, & on y expoſe quelquefois des innocens, dont il faut faire
exemple pour l'intérêt de l'Etat, ou pour
ſauver l'honneur du Prince. La diſgrace
d'Antonio Perés en eſt une preuve ; il
avoit fait tuer le Secrétaire de Don Jean
d'Autriche par l'ordre de Philippe II. Il
n'avoit point d'autre crime que d'avoir
eu la confidence de ſon Maître : il fut
abandonné à l'Inquiſition ; & ſi le Peuple de Sarragoſſe ne l'eût retiré par force, il eût éprouvé combien il eſt dangereux de garder le ſecret d'un Grand,
& d'être l'inſtrument d'une action qu'il
veut tenir ſecrete.

Chaque fois qu'on interroge un Pri-
ſonnier, on le lie par le ſerment qu'on

lui fait faire de dire la vérité. On lui demande son crime, & on veut qu'il s'accuse. Le Confesseur, disent les Espagnols, ne dit point au Pénitent ses péchés : mais la nature de ces deux Tribunaux est si différente, que les maximes de l'un ne peuvent s'appliquer à l'autre. On tient quelquefois de cette maniere un homme dans le fond des prisons, pendant plusieurs années : s'il résiste toujours, son procès s'instruit, & le Promoteur qu'il y a dans chaque Tribunal, l'accuse dans les formes. On cache soigneusement au coupable le nom de ses Dénonciateurs, & on ne les lui confronte jamais : le fils est admis témoin contre le pere, la femme contre le mari ; il n'y a que les ennemis capitaux qui sont refusés, & on laisse aux Inquisiteurs le soin d'examiner s'il y a une telle inimitié. La loi contre les faux témoins est très - rigoureuse ; ils doivent être condamnés à la peine du

Talion ; mais on n'en ufe point avec eux à la rigueur, afin de ne point effaroucher les vrais témoins. On tâche d'arracher du Prifonnier la confeffion de fon crime par des tortures : on le menace, on l'interroge fur toute forte de matieres, on le tourne, & on le retourne, en forte que fouvent la plûpart des plus fortes preuves viennent de fes réponfes. Les demandes font fouvent capticufes & difficiles, & de tels examens font au - deffus de la portée de la plûpart des Fidèles. S'il veut un Avocat, on lui en donne ; mais c'eft un homme dévoué aux Juges, & qui deffert plus la Partie qu'il ne la fert. Si le coupable nie conftamment le crime dont on l'accufe, & que le nombre de fes Dénonciateurs foit tel qu'il eft requis par les loix, on le déclare parjure, impénitent & entêté ; & fi après une telle condamnation, il perfifte, lifte, il eft livré au bras féculier , pour être brûlé vif. Il n'y a pas de grace pour un Hérétique relaps : s'il fe repent , il eft étranglé avant que d'être brûlé. Les Inquifiteurs prient pour ceux qu'ils livrent au bras féculier , & conjurent le Magiftrat , par *les entrailles de la Miféricorde Divine* , de le traiter avec douceur ; mais s'il les épargnoit , il courroit rifque de fe rendre coupable , & d'être regardé comme fauteur d'Héréfie : quelle momerie ! Ce Tribunal étend fa Jurifdiction jufques fur les morts : on leur donne un Avocat, & s'ils font trouvés coupables, on les déterre, on brûle leurs os , & une figure de carton qui leur reffemble. Leurs biens font confifqués & enlevés à leurs héritiers, qui ne les prefcrivent que par un terme de quarante ans. L'exécution des coupables ne fe fait que très - rarement en Efpagne , & avec des cérémonies extraordinaires,

nfin de la rendre plus solemnelle, &
c'eſt ce qu'on appelle Acte de Foi : *Au-
todafé.*

Comme l'Inquiſition n'eſt pas un
moyen propre à la perſuaſion, il produit de l'apparence dans l'extérieur,
peu de vérité dans l'intérieur. Les Eſpagnols ſont attentifs ſur une bagatelle,
& ils négligent les choſes les plus eſſen-
tielles ; ce qui ſe pratique dans leurs
Proceſſions dégénére quelquefois en ſin-
geries & en bouffonneries. Les Egliſes
ſont richement ornées, & les décora-
tions des Autels ſont magnifiques ; il y
en a qui repréſentent des Gloires, avec
les figures des Saints, quelquefois, à la
vérité, habillés à la moderne, ce qui
aſſurément n'eſt pas décent. Les autres
ſont ornés de grandes ſculptures de
bois, qui repréſentent l'Hiſtoire de la
Bible. Tous ſe ſurpaſſent en richeſſes.
Les Eſpagnols ont beaucoup de dévo-

tion pour la Vierge & pour les Saints Nationaux , dont on fçait beaucoup mieux l'Hiſtoire que les principes de la Religion. Ils ont trop de crédulité pour les miracles, un faux miracle que l'on confond avec un miracle véritable ; une viſion ridicule, un fait apocriphe, mais extraordinaire , une impertinente révélation , qui fait tort à celle qui eſt émanée de l'Eſprit-Saint, font pour eux un ragoût de dévotion : cela même ſert ſouvent de fondement à leur piété. Ils ont un reſpect édifiant pour les Prêtres & les Religieux. Pluſieurs de leurs Théologiens Moraux font fort relâchés : ils ont trouvé les moyens de corrompre leurs mœurs avec le raiſonnement ; & à force de méditer pour concilier la vertu avec l'intérêt & l'amour - propre , ils ont fallifié & déguiſé les ſentimens du bien & du mal. Ces Caſuiſtes commodes ne font pas eſtimés, mais ils ſont

H ij

fuivis. Les Ouvrages de Suarés & de
plufieurs autres, font d'un caractere bien
différent par leur profonde érudition, &
la fage rigidité des maximes. Plufieurs
Auteurs ont excellé dans des Ouvrages
de piété, & ont enrichi l'Eglife d'une
infinité de Livres qui traitent de la vie
fpirituelle. Les Moines en général font
fort ignorans : ils fe fervent très-utile-
ment du penchant des Efpagnols à la
fuperftition, pour s'établir un riche pa-
trimoine fur les débris de la véritable
dévotion.

Le caractere des Efpagnols eft un mê-
lange de bonnes & de mauvaifes qualités, de vices & de vertus, quelquefois des deux contraires ; de forte que
de cette oppofition, il fe forme dans
l'efprit du Spectateur étranger un con-
trafte qui le met dans l'impuiffance de
juger fi les vertus l'emportent fur les vices, ou les vices fur les vertus.

On doit rendre juftice aux Efpagnols, jamais Nation n'a eu des fentimens plus tendres & plus vifs pour les
intérêts & la dignité de fon Etat. Elle
tient les autres Nations Chrétiennes en
perpétuel exercice, & les oblige toutes
d'être avec elle ou contre elle. De quelqu'apparence de bien, & de quelque
prétexte de bienveillance que cette Nation fe couvre, elle n'a de haine ni d'a-
mitié que par bienféance, & ne prend
de paffion que celle que l'intérêt lui
donne. Il n'y a pas d'amitié qui lui foit
fi chere que la moindre de fes affaires ;
& il n'y a pas d'allié, ni de parent
qu'elle n'abandonne, s'il lui en revient
de l'utilité, ni qu'elle n'expofe à un dernier malheur, fi cela l'accommode. On
n'y connoît point ces belles paffions
d'amitié & de reconnoiffance : la raifon
d'Etat ne fait pas des hommes généreux.
Quand l'efpérance eft foible, pour attirer

queiqu'un dans leur parti, ils y ajoutent
la crainte. Ceux qui réfisteroient à leurs
promesses, n'osent les choquer & s'ex-
poser à leur vengeance. Ils sont vindica-
tifs, inexorables, & ne pardonnent jamais. Ils promettent sans beaucoup dé-
libérer, & ne tiennent qu'après de longues délibérations : mais ils n'épargnent
rien depuis qu'ils ont embarqué un affaire, & mis ceux qui les y servent en état
de ne pouvoir s'en repentir, ou de ne
pouvoir s'en dédire. Ils ont toujours
plusieurs moyens pour arriver à leur
fin : ils ont souvent achevé dans les
Traités les desseins qu'ils avoient com-
mencés à la guerre. Ils ont une adresse
merveilleuse pour faire valoir tout ce
qu'ils font : ils sçavent étaler jusqu'aux
moindres parties de leur grandeur & de
leur puissance. Ces apparences ména-
gées avec art, & cette lumiere répan-
due au-dehors à propos, sont utiles aux

Etats. Ils fçavent, je ne fçais par quelles apparences & quelles ombres, cacher les défavantages qu'ils ont reçus ; ils font tout fervir pour appuyer leurs prétentions ; ils font de magnifiques propofitions, & forment fur ce plan des deffeins auffi enflés que leur courage, & auffi hauts que leurs efpérances. Il n'y a pas de Nation moins traitable, ni avec qui il foit plus difficile de négocier, ce font des paroles fans effet, des changes perpétuels, des échapatoires étudiés, des démarches obliques, vagues & indéterminées. Ils font habiles pour faire naître des incidens, fufciter des chicanes, étendre & perpétuer une matiere contentieufe, & par la longueur des pourfuites, & le défefpoir du fuccès, s'attribuer fous un titre apparent de juftice, ce qui n'eft qu'un effet de l'injuftice. S'ils font obligés de céder & de fe rendre, que de difficultés fur les expreſſions ; ils ne les veulent pas moins honorables que ſi la fortune les eût rendu ſupérieurs ; ils ne veulent point que telle & telle choſe ſoit ſtipulée ; ils veulent que cela paroiſſe cédé volontairement , parce que , diſent-ils , cela eſt plus convenable à la grandeur & à la dignité de leur Couronne. Leurs Miniſtres , fiers & glorieux, veulent ſe ſignaler par quelque choſe qui faſſe du bruit, & par quelque nouveauté qui leur donne de la réputation , principalement quand ils commencent à agir : ils s'arrêtent à une infinité de petites délicateſſes & de formalités de néant , d'où naiſſent de ſecretes aigreurs qui prennent racine dans le cœur des Miniſtres reſpectifs , & empêchent qu'il ne ſe forme entre eux une bonne & ſincere correſpondance.

Les Eſpagnols ont ſouvent intéreſſé Dieu dans leurs deſſeins , & employé

ſon nom pour couvrir leur ambition &
leur avarice ; il ſemble , à en juger par
leur conduite , qu'ils ont cru que la
bonté d'une fin , un motif de piété ,
pouvoit rectifier des moyens qui étoient
mauvais en eux-mêmes , & que la mé-
chanceté d'une cauſe ſe corrigeoit par
ce qu'il y avoit de ſalutaire dans l'effet.
Cette dépravation de ſentimens procede
ou d'un zèle chaud & aveugle , qui ſaiſit
quelquefois les plus grands Docteurs ,
ou d'une complaiſance lâche & proſti-
tuée. Ils ſe ſervent de la Religion même
pour abuſer du nom de Dieu , & ſe jouer
de la foi publique : ils trouvent mille
prétextes d'honneur pour rompre un
traité ſans infamie , & mille évaſions de
conſcience pour le violer ſans ſcrupule.
Leurs regles ſont ſi molles & ſi flexi-
bles, qu'ils les accommodent comme ils
veulent à leurs inclinations. L'Eſpagne
abonde en Moines ſubtils, qui font

quand ils veulent, des anatomies fi cu-
rieufes, fi recherchées des actions &
des mœurs des hommes, qu'ils les dé-
guifent entierement. Les Efpagnols ont
fouvent abufé de l'entremife du Saint
Siege pour couvrir leurs vrais deffeins,
& ils ont joué le refte du monde par
ces apparences fi éloignées de leurs in-
tentions, & fi contraires à la vérité. La
barbarie a été plufieurs fois le fujet apparent des armemens qu'ils ont faits, &
des flottes qu'ils ont équipées contre
les Puiffances Chrétiennes : c'eft un ar-
tifice qui femble être naturel, & comme
inféodé au Sang d'Efpagne. On a vu les
Efpagnols foutenir les Hérétiques de
France, y répandre des Libelles qui furent condamnés par le Clergé, & que
l'Hiftorien du Miniftere du Cardinal de
Richelieu, appelle « infames avortons
» de l'ambition Efpagnole ». Avec quelle injuftice, dit le même Auteur, « l'Ef-

» pagnol pourroit-il affifter des rebelles
» à leur Prince, & favorifer ouverte-
» ment l'héréfie ? Qu'étoit devenu alors
» ce manteau fpécieux de la Religion,
» dont il fait tant de parade dans les ren-
» contres où il peut fervir à fes ambi-
» tieux projets ? N'a-t-il pas bien fait
» voir que fon zèle contrefait & appa-
» rent, n'eft qu'un manége dont il ca-
» che l'injuftice de fes entreprifes ». Le
Cardinal d'Offat, outré des indignes ma-
nœuvres des Efpagnols, les ménage encore moins. Il dit dans une Lettre datée
de Rome, du 18 Février 1597, au fujet
des Alliances qu'ils recherchoient avec
le Turc : « Le Roi d'Efpagne, qui eft
» déja fi puiffant, tranfporté de fon ex-
» trême ambition, & conforté & en-
» hardi par l'amitié & l'Alliance du
» Turc, fe rueroit avec d'autant plus
» d'impétuofité fur les Princes Chré-
» tiens ; tellement que ces deux Turcs

» fymbolifans en plufieurs chofes, &
» n'ayant pas plus grande différence en-
» tre eux que l'apparence extérieure de
» la Religion, fe partageroient la Chré-
» tienté entre eux, finon par contrat,
» au moins en effet, l'afferviffant &
» captivant l'un d'un côté, & l'autre
» d'un autre, jufqu'à ce que venant à fe
» rencontrer, ils s'entrechoquaffent en-
» femble, & fiffent enfin entre eux deux,
» ce qu'ils auroient auparavant fait à
» tous les autres ».

Les Efpagnols tendent à leurs fins fans exception de moyens, ni de perfon-nes : il n'y a ni condition de tems, ni exception d'affaires qui les empêche d'agir : leur principale étude eft de ca-cher leurs défauts, & d'éblouir le mon-de par les apparences du bien. La con-fufion des affaires eft leur élément, & la matiere qui leur eft propre.

Ils font obftinés à venir à bout de ce

qu'ils ont entrepris , & ne l'abandonnent jamais , tant qu'il leur reſte une
goute d'eſpérance. C'eſt une expreſſion
du Cardinal d'Oſſat à leur ſujet. Ils agiſ-
ſent toujours, n'oublient rien , ne ſe re-
lâchent point : ils arrachent enfin ce qui
tient trop , & entraînent ce qui ne veut
ſuivre : ils ſe roidiſſent contre le mauvais ſuccès ; & quand la fortune les ſeconde , ils ſçavent profiter de ſes fa-
veurs , & ſe ſervir de leurs avantages :
ils ne ſe repoſent jamais moins qu'après
qu'ils ont travaillé avec ſuccès , & ne
perdent pas une des ſuites heureuſes
qu'un accident heureux peut produire.
Ils excellent dans le choix du tems : c'eſt
un des plus grands ſecrets qu'il y ait
dans les affaires , & le plus puiſſant
moyen pour les faire réuſſir. C'étoit un
des mots de Charles - Quint : *Yo , y
eltiempo para don oſtros : moi & le tems
nous en valons deux.* Il faut ſçavoir le

ménager pendant le malheur, caler la voile quand la tempête est trop forte, esquiver avec adresse les coups qu'on ne peut soutenir, & attendre l'occasion de quelque favorable révolution. Charles-Quint donna ce conseil à son fils, & les Espagnols l'ont plusieurs fois mis en pratique. Leur ame est extrêmement vaste, & ils font d'un courage à qui les difficultés n'apportent point de dégoût, ni le tems de lassitude. Au contraire, l'humeur des François est ordinairement trop vive pour languir après un dessein : ils en veulent voir promptement la fin, ou ils l'abandonnent : ce qu'ils n'emportent pas d'abord les rebute, & leur propre impétuosité ne les lasse pas moins, que la résistance de ce qu'ils attaquent : on ne sçauroit dire combien de fois leur facilité & leur excessive franchise ont attiré l'infidélité de ceux qui n'avoient eu recours à leur Alliance,

que pour s'accorder plus avantageuse-
ment avec leurs ennemis, & pour faire
à nos dépens une paix plus honorable ;
les Espagnols n'ont jamais été dupes de
pareilles entreprises.

L'ambition du Conseil d'Espagne, qui
ne change, ni ne meurt jamais, n'a ni
modération, ni bornes. Les Espagnols
desirent ardemment, & desirent beaucoup de choses : ce fut Ferdinand-le-
Catholique qui dressa le plan d'une Monarchie universelle qui exercera long-
tems ses Successeurs, & troublera le
repos des autres Nations, & la paix du
monde. C'est pour parvenir à cette Monarchie que les Espagnols ont toujours
aspiré à se rendre maîtres de l'Italie,
c'est pour eux un grade qui leur facili-
teroit la conquête du reste. C'est donc
un dessein fixe & immuable dans leur
esprit de la mettre sous le joug, & de
dépouiller ses Princes de tous les Etats

qu'ils y poffédent, ou de les réduire à
une dépendance qui ne foit différente
de la fujétion que par la vanité des titres, & l'extérieur des formes. Les at-
tentats de Charles-Quint contre la Liberté de ce Pays, les violences que fes
Succeffeurs y ont exercées, leurs entreprifes, tantôt contre le Duc de Savoye, tantôt contre les Vénitiens, &
du côté de la Valteline, la derniere ex-
pédition de Sicile, en dernier lieu le
Traité de Séville, qui rend les François
& les Anglois leurs Troupes auxiliai-
res, en font de fuffifantes preuves. La
Reine connoît mal les Efpagnols, fi elle
fe flate qu'ils travailleront pour les intérêts de fes enfans. Avec quel rafine-
ment de prudence cette Nation n'a-t-elle
pas travaillé pour l'élevation de la Maifon d'Autriche? Ils faifoient enforte que
le bien particulier de cette Maifon demeuroit toujours inférieur & fubalterne

aux

aux intérêts de leur. Monarchie, & au grand deſſein qu'ils avoient de l'agrandir ſans enchere, & de la rendre univerſelle. Le Conſeil de Vienne n'étoit alors que le Miniſtre des réſolutions dont celui de Madrid étoit l'Auteur. L'on n'en voyoit rien ſortir qui n'en portât la marque, & qui n'eût reçu les impreſſions de ſes maximes & de ſa conduite. Les Alliances du Sang ne les touchent pas comme celles de la Couronne, & tout devoir céde à la Royauté. Tout eſt mis en œuvre pour ſoutenir la puiſſance & la réputation de l'Etat, enſorte que ce n'eſt point leur volonté qu'on doit ſe propoſer de gagner, c'eſt leur entendement qu'on doit tâcher de ſéduire.

Ils ont fait de grandes dépenſes pour ſe mettre en état de porter la guerre en Italie ; & il n'y a pas d'apparence que la Reine étant ſi ambitieuſe, & la Na-

tion ſi glorieuſe, on puiſſe ſe réſoudre
à les perdre. L'Empereur a raiſon de
s'oppoſer à leur introduction en Italie.
Le caractere que j'ai fait des Eſpagnols,
& qui n'eſt formé que des traits tirés
en conſéquence de leurs actions, montre la juſtice de ſa défiance, & l'injuſtice
de la prétention des Eſpagnols. La com-
plication de ces intérêts, quoiqu'en
apparence inalliable, ne me le paroît
point. Le grand nombre de projets d'ac-
commodemens propoſés & refuſés en
montre la difficulté. Je vais expoſer celui que je me ſuis imaginé.

L'Empereur ne veut point augmenter
ſes Etats, il veut les conſerver, & en
faire l'héritier unique ſa fille aînée. Parmi ſes biens il y en a de deux eſpeces :
les uns dont il a hérité de ſes ancêtres,
ce ſont les Etats de la Maiſon d'Autriche en Allemagne ; les autres, qu'il poſ-
ſede par droit de conquête, ce ſont ſes

Etats en Italie. Il craint, avec jufte raifon, que les filles du feu Empereur Jofeph, fon frere aîné, qui font entrées dans les deux plus puiffantes Maifons d'Allemagne, celle de Saxe & celle de Baviere, ne difputent fes Etats d'Allemagne à fa fille, parce qu'il eft affez naturel qu'au défaut des mâles, les filles de la branche aînée fuccédent, par préférence aux filles de la branche cadette. Les renonciations qui ont été faites ne doivent pas le raffurer, parce que lorfque l'occafion fe préfente, on ne s'arrête pas beaucoup à ces renonciations faites contre le droit du fang : on ne manque pas de raifons pour en prouver l'injuftice. Les droits de la nature, dit-on, font éternels, & ne peuvent s'abolir : quoi de plus injufte que de renoncer à un droit qui ne nous appartenoit point, & d'en dépouiller nos enfans à qui il auroit appartenu ? Quoi de plus injuſte que de mériter les juſtes reproches de toute ſa poſtérité ? L'Empereur , d'un autre côté , qui connoît l'ambition des Eſpagnols, le grand deſir qu'ils ont de s'emparer de l'Italie , le peu de fond que l'on peut faire ſur leurs paroles , attendu qu'ils ne manquent jamais de prétexte pour la rompre, leur habileté à ſaiſir le tems & l'occaſion, doit faire appréhender que s'ils s'introduiſent en Italie , ils ne s'emparent , après ſa mort, des Etats qu'il y poſſéde. Voilà, ce me ſemble, par où l'on doit émouvoir la fermeté inébranlable de l'Empereur, parce que ce ſont là ſes véritables intérêts.

L'Eſpagne ſouhaite ardemment deux choſes, avoir des Etats en Italie, pour le Prince Don Carlos, & rentrer en poſſeſſion de Gibraltar & de Port-Mahon.

La France ne doit pas, comme elle a

fait jufqu'ici, n'entrer dans les Traités,
que pour affurer la tranquillité des autres à fes dépens, mais elle doit fonger
à étendre fes limites, & furtout à augmenter fon commerce; les longues guerres qu'elle a foutenues fous le regne de
Louis XIV l'ont épuifée; & ce n'eft uni-
quement que par l'augmentation du commerce & le rétabliffement des finances,
qu'elle peut r'acquérir la fupériorité fur
les autres Puiffances de l'Europe. La
France feroit toute puiffante, & en état
d'entreprendre & d'exécuter ce qu'inf-
pireroit au Miniftre le bien de la Nation, fi on mettoit en pratique un expédient que j'ai vu, dont les conféquen-
ces fuivent néceffairement de trois principes combinés, & produifent en même-tems ces trois biens. La richeffe du
Roi, en lui donnant de l'argent, & le
mettant en fituation de foulager fes peuples; celle de l'Etat, en l'acquittant de

la plus grande partie de ſes dettes ; &
celle de ſes particuliers en rétabliſſant
la confiance , & augmentant le commerce. Le bonheur du Souverain avec
celui des Peuples y eſt tellement lié ,
que leur intérêt réciproque devient le
garant de la ſolidité & du ſuccès de l'o-
pération. Je ne ſçais par quelle fatalité
l'évidence de cet expédient n'eſt pas
connue du Miniſtre , & d'où vient qu'il
ne le fait pas examiner par les perſonnes les plus capables qu'il y ait dans
l'Etat , puiſqu'après tout , un tel exa-
men n'engage à rien : cet expédient dé-
buteroit par le ſuccès , & s'accompli-
roit , pour ainſi dire , de ſoi-même.

L'Empereur , l'Eſpagne & la France
réunis , peuvent donner la Loi au reſte
de l'Europe ; la France & l'Eſpagne doivent donc ſe rendre garants de la ſucceſſion des Etats de l'Empereur , telle
qu'il l'a lui-même réglée par une Prag-

matique - Sanction. La France & l'Empereur devroient s'engager de procurer aux Espagnols, par la force des armes, s'il étoit nécessaire, la restitution de Gibraltar & de Port-Mahon. Par rapport aux Etats d'Italie, l'Empereur céderoit à l'Espagne le Royaume de Naples & celui de Sicile, & l'Espagne céderoit à l'Empereur tous ses droits & ceux du Prince Don Carlos sur Parme & la Toscane. Par cette disposition, les Etats de l'Empereur en Italie deviendroient contigus, ce qui par conséquent en assureroit d'autant plus la possession & la succession. Les Espagnols ne songeroient plus à s'emparer de ces Etats, parce qu'ils en seroient séparés par ceux de l'Eglise, & qu'ils n'auroient pas la facilité de les attaquer. On engageroit le Pape à ne se point opposer à cette disposition, soit sous le prétexte de l'honneur qu'il se feroit en sacrifiant ses intérêts à la paix de la Chrétienté, soit par la néceffité où il se trouveroit d'y confentir par force, s'il ne le vouloit pas faire de bonne grace, soit enfin pour affurer le repos de l'Italie, & particuliérement des Etats de l'Eglife, qui se trouveroient fitués entre deux Puiffances également jaloufes d'empê-cher les ufurpations que l'une ou l'autre pourroit faire. La France obtiendroit pour elle le Traité de l'Affiente, tel que le poffede la Compagnie Angloife du Sud. Elle se feroit encore donner le Port du paffage, en ce que les Efpa-gnols poffedent dans l'Ifle de Saint-Do-mingue. Ils ne retirent aucun profit de cette Ifle, & ils ne perdroient pas beau-coup en donnant le paffage, parce qu'ils ont d'autres bons Ports fur les Côtes de Bifcaye & de Galice ; & la France ga-gneroit beaucoup, parce qu'elle n'en a point vers l'extrêmité des Côtes de Gaf-

cogne, & qu'elle en a befoin. Les Efpagnols ne refuferoient pas de facrifier
le paffage, pour r'avoir Gibraltar. Les
deux Nations deviendroient très-étroi-
tement unies, & cette union eft beaucoup plus importante pour les Efpagnols que pour les François. La Catalogne, qui eft la Province la plus belli-
queufe, & la plus peuplée de l'Efpagne,
eft toujours prête à fe révolter; & les
Arragonois, ainfi que les Catalans, ou-
trés de la privation de leurs Privileges,
fuivroient leur exemple. Par ce Traité,
qui réuniroit l'Empereur, le Roi de
France & celui d'Efpagne, la Puiffance
de l'Angleterre, qui eft aujourd'hui fi
infolente, fe trouveroit abattue. Le
manque de parole que les Anglois ont
fait aux Efpagnols, au fujet de la reftitution de Gibraltar, feroit un prétexte
fuffifant pour leur ôter le Traité de l'Affiente. Quelle honte & quelle perte

pour eux de fe trouver obligés de réfi-
lier un Traité qui détruiroit leur plus
riche commerce ? S'ils le refufoient ,
l'Empereur feroit avancer des Troupes
dans les Pays-Bas , pour être à portée
de tenir les Hollandois en refpect , &
de leur faire obferver la neutralité , &
auffi pour être à portée d'en embarquer,
s'il étoit néceffaire , pour faire une def-
cente en Angleterre , & y faire paroître
le Prétendant ; ce qui y exciteroit une
guerre civile. Le Mofcovite , qui eft
allié avec l'Empereur, empêcheroit le
Danemarc & la Suede de rien entreprendre fur les Etats de l'Empereur en
Allemagne , au cas que ces deux Puiffances fe liguaffent avec les Anglois :
l'Efpagne pourroit mettre en mer une
puiffante Efcadre , puifqu'elle a dans fes
Ports cinquante - cinq à foixante Vaiffeaux , depuis foixante jufqu'à cent pie-
ces de canon ; à ces Vaiffeaux fe join-

droit la Marine de France, & nos Ar-
mateurs étonneroient l'Europe, comme
ils ont toujours fait par la hardieffe & le
bonheur de leurs entreprifes, détrui-
roient le commerce des Anglois, & s'en-
richiroient ; une femblable guerre feroit
plutôt un moyen d'enrichir que de rui-
ner la France. Si l'Empereur ne vouloit
point entrer dans ce projet, il agiroit
contre fes intérêts, & on pourroit fe
paffer de lui, & fe retourner : on tra-
meroit un parti en Allemagne, où l'on
feroit facilement entrer la Maifon de
Saxe & celle de Baviere : elles fe laiffe-
roient prendre à l'appas de la fucceffion
des Etats de la Maifon d'Autriche, que
la France & l'Efpagne leur affureroient.
Le Roi de Danemarc entreroit auffi
dans cette Alliance. Les différends de la
Maifon de Holfteing le rendent ennemi
du Mofcovite, & par conféquent de
l'Empereur, fon Allié. Mais revenons au

caractere des Espagnols ; comme cette
Nation est naturellement severe, glo-
rieuse & mélancolique, sa domination
est dure : elle ne s'assure de la fidélité
des peuples qu'elle a subjugués, que par
l'impuissance où elle les met de se révolter. Dans l'Amérique, ils abusent si
fort de leur autorité, qu'elle y est dé-
générée en tyrannie. Don Baltazar de
Las Casas, Evêque de Chiapa en Amérique, a donné une Relation des cruautés qu'ils y ont exercées ; & comme ce
Livre est fait par un Espagnol, il a fait
beaucoup de tort à la Nation. « Leurs
» violences, dit-il, leurs tyrannies, leur
» injustice, sont montées jusqu'au der-
» nier degré : ils n'ont respecté en cela
» ni Dieu, ni le Roi, ils ont même ou-
» blié qu'ils étoient hommes & Chré-
» tiens . . . . Le souvenir des maux
» qu'ils ont commis a jetté tant de ter-
» reur dans les esprits, que les Habitans

» ne peuvent penfer aux Efpagnols, fans
» trembler. Les Efpagnols, dit le même
» Evêque, prétendent que les guerres
» qu'ils ont faites à ces Peuples font juf-
» tes & légitimes, que Dieu les leur a
» abandonnés, & qu'ils ont eu droit de
» faire ces conquêtes, & de détruire ces
» Nations. Il femble qu'ils veulent ren-
» dre Dïeu complice de leur tyrannie &
» de leurs cruautés. C'étoit, dit encore
» l'Evêque de Chiapa, des Démons re-
» vêtus de la figure humaine . . . . Ce
» qui fait voir l'audace & l'infolence de
» ces hypocrites, c'eft qu'ils font fem-
» blant de ne fonger qu'aux intérêts du
» Roi, & à procurer la gloire de Dieu,
» & cependant il eft vifible qu'ils volent
» impunément le Roi, & qu'ils désho-
» norent Dieu & fa Religion par une
» conduite criminelle & fcandaleufe.....
» Ils vont dans ce Pays avec une bonne
» intention de s'y enrichir en peu de

» tems ; ils fuivent en toutes chofes l'im-
» pétuofité que leur imprime le defir
» d'amaffer de l'argent : ils ont toujours
» toutes leurs penfées & tous leurs de-
» firs tournés de ce côté là , fans pou-
» voir jamais affouvir cette foif qui les
» dévore ». Ce defir d'amaffer, que l'on
remarque dans tous les Efpagnols du
Nouveau Monde, & dans quelques-uns
de l'Ancien, paroît être une chofe inalliable avec leur prodigalité, & leur peu
de foin pour conferver ce qu'ils ont
amaffé par tant de crimes. La profufion
& le luxe ont dévoyé les meilleures familles; il n'y a pas de Nation où il y
ait tant de pauvreté en tant de richeffes, d'hommes ardens & d'hommes in-
différens. L'Efpagnol eft un compofé bi-
farre qui paroît inconcevable : lorfqu'il
eft touché du point d'honneur , il eft
ferme, inébranlable, généreux, magnifique, hardi, téméraire, fupérieur aux

menaces & aux promeſſes flatteuſes :
ſon ame eſt capable de toute ſorte de
bien & de mal : ſon tempérament eſt
propre à toutes les fonctions de l'ame.
L'imagination domine en lui, & il ſe
ſoucie beaucoup moins d'être honnête
homme que de le paroître ; il affecte de
l'honneur & de la fierté, c'eſt-là ſa ma-
rote ; mais il n'en a point quand il s'a-
git de ſe venger : il fuit le travail ; mais
la vanité dont il eſt toujours malade, le
rend actif, quoique dans ſon activité
même on reconnoiſſe un fond d'indolence. Les Troupes Eſpagnoles réſiſtent
mieux que celles d'aucune autre Nation,
au froid, au chaud, à la ſoif, à la faim,
aux peines & aux fatigues : la grandeur,
la diverſité, & le nombre des actions
qu'ils ont faites, ou contre les Mores,
ou contre les Indiens, étonnent l'imagination, & affoibliſſent la vérité de l'Hiſtoire. Ils ont eu de bons Généraux, gens

de tête & de bon sens : l'étude, sur-tout la méditation, qui a tant d'appas pour cette Nation pareffeufe, les préparoit ; l'expérience les achevoit ; aujourd'hui ils n'ont guères de bons Officiers, & la difcipline ne s'eft rétablie dans leurs Troupes, que par le moyen des Officiers François. A la vanité des Efpagnols, à leur pareffe, à leur amour de la vengeance, on peut joindre un très-violent penchant pour le fexe, une jaloufie extrême, qui n'a ni bornes, ni modération, & peu de bonne foi dans les réconciliations. Ils ont beaucoup de mépris pour les autres Nations : ils s'imaginent que pour être quelque chofe de grand il faut être né Efpagnol ; de forte que lorfqu'ils traitent avec quelqu'Etranger, cela va jufqu'à l'arrogance : efclaves de leurs ufages, ils font les premiers à en faire l'éloge, & toujours prêts à condamner ceux des autres Nations.

tions. Ils ne fe plaignent jamais ; ils van-
tent toujours leur Province, leur Villa-
ge, leur nom & leur nobleffe. Les Pay-
fans Montagnards font fur-tout entichés
de leur Nobleffe ; & il n'y en a pas un
qui ne croye defcendre de ces anciens
Chrétiens qui fe retirerent dans les
Montagnes, lors du renouvellement de
la Monarchie fous le regne de Pélage.
J'ai vû un Manufcrit Efpagnol, dont la
lecture me fut permife en fecret, dans
lequel il eft démontré qu'il n'y a guères
de familles, fans en excepter les plus
illuftres, où il n'y ait du fang More ou
Juif, ce qui eft une très - grande tache
dans un Pays où tout le monde fe dit
être, Chreftiano Viéjo, c'eft-à-dire,
race de Chrétiens, & où il y a un mépris univerfel pour la race de Juifs ou
de Mores. Il y a plufieurs Maifons qui
ne fe font perpétuées que par les bâ-
tards. Les Efpagnols ont fur cet article

moins de scrupule que les autres Nations. Ils se croyent les plus habiles
gens de l'Univers : leurs devises & leurs
ouvrages ont toujours quelque marque
de cette vanité, & leurs entretiens sont
enflés de cette folie. On voit des personnes d'une profonde érudition dans le
goût de la Nation. Ce goût consiste particuliérement à s'attacher à la Théologie Scholastique : à l'égard de la Philo-
sophie, ils sont esclaves des opinions
des Anciens : avant Descartes ne l'ê-
tions-nous pas ? Ils ne suivent aucune
régle dans leurs Poësies : ils s'abandonnent aux saillies de leur esprit, plein de
feu & d'imagination. Cette irrégularité
& cette vivacité fait que leur Poësie,
souvent leur Prose, n'est qu'un pompeux galimathias. Ils aiment tellement
l'emphase, la métaphore & l'hyperbole,
que bien souvent, à force de vouloir
trop exprimer une chose, ils outrent si

fort la matiere , qu'ils paroiſſent ridicu-
lement enthouſiaſmés , & ils ſe rendent
ſi obſcurs , qu'on ne comprend pas ce
qu'ils veulent dire : ils mépriſent l'ingé-
nuité de notre Langue & de notre Poë-
ſie ; un certain eſprit hyperbolique règne chez les petits comme chez les
grands , ſur-tout lorſqu'il s'agit de parler de proueſſes , de qualité , & de dévotion ; car en Eſpagne on fait parade
de la bigotterie. Ils ont l'art de cacher
admirablement bien leur ignorance :
quand ils parlent , il ſemble qu'ils ne
prononcent que des oracles , & quand
ils ſe taiſent , on diroit que c'eſt un effet
de leur modeſtie. Il y a deux Langues
différentes en uſage dans l'Eſpagne. La
Biſcayenne & l'Eſpagnole. Pluſieurs perſonnes croyent que le Biſcayen eſt l'ancienne Langue des Eſpagnols. Leurs montagnes & leurs rochers ont été inacceſ-
ſibles aux Conquérans Romains , Goths

& Arabes. Retranchés dans ces forts
que la nature a bâtis, ils ont conservé
& leur liberté & leur Langue. L'Espagnol est différent, selon la diversité des
Provinces, chacun a sa dialecte particuliere. Le Castillan est le plus riche, le
plus pur & le plus châtié. C'est celui que
les honnêtes gens parlent, & dont on se
sert pour écrire. C'est une corruption
de la Langue Latine, mêlée d'une infinité de mots Goths & Arabes. Un mé-
chant railleur Allemand a dit, que si
l'on ôtoit les *os* & les *as*, il ne lui res-
teroit de sons que pour siffler & bailler.
La plaisanterie n'est pas juste. La Langue est riche, noble, & fort propre pour
exprimer des sentimens relevés ; les
mots sont pompeux & sonores : elle ne
manque pas de douceur, mais elle ne
descend pas à l'afféterie de la Langue
Italienne : les gens de la Cour ont un
langage concis & plein de métaphores

hardies, qui passeroient pour dures dans
une autre Langue , & dans un autre
Pays. Pour montrer la grande relation
du Castillan au Latin, Don Juan Alva-
rès de Colmenar rapporte un Discours
qui est en même-tems de l'une & de
l'autre Langue : « Scribo & suplico , ro-
» gando te, Francia, del & respondeas ta-
» les probationes, tractando de tua elo-
» quentia, loquela & excellentia quales
» scribo de Hispania , antiquissima co-
» rona. Responde, Francia, da & pro-
» pone contra nos tam fertiles , tam
» fructuosas Provincias , tales gentes
» tam ingeniosas, tam scientificas, tam
» prudentes, justas, modestas, liberales
» & magnificas : non monstras tu, Fran-
» cia, tam grandes resistentias & tantas
» victorias contra Romanos : præsenta te,
» Francia, & da tales campos, montes,
» valles, tales bestias, feras & domes-
» ticas, tantos tam excellentes caballos,

» tales vaccas, aves, carnes suaviffimas,
» lanas pretiofas, plantas, arbores, per-
» fectiones infinitas quales de Hifpania
» cognofco, quales tu in Francia non
» cognofcis : fi celebras Principes & Im-
» peratores Romanos, inquire de Ha-
» driano, de Honorio, de Theodofio,
» de Trajano inclito, &c ». Les Caftillans font fort jaloux de parler leur Langue dans toute fa pureté. Un Villageois
eft fufceptible de connoître la délica-
teffe & la fineffe d'une expreffion, &
en général on trouve autant d'efprit, &
auffi peu d'acquit & d'éducation dans le
fils d'un miférable, que dans celui d'un
homme titré.

L'occupation la plus ordinaire des
Efpagnols, c'eft de s'ennuyer tout le
long du jour. Ils font froids, réfervés,
peu communicatifs : leur tempérament
fuperbe & farouche les empêche d'être
aimables, lors même qu'ils font du bien ;

foit naturel, foit affectation, foit l'un &
l'autre enfemble, ils ont un grand air de
gravité qui impofe à ceux qui ne les
connoiffent pas : ce n'eft point leur ufage de fe donner à manger, mais ils fe
régalent de chocolat : ils aiment les épi-
ceries, le fucre & le fafran. Ils mangent
peu chez eux , & avec modération ;
mais s'ils font en fête chez quelqu'un
qui les invite, ils mangent avec excès :
doit-on les louer dans leur fobriété ? Si
on peut les engager à quitter leur gravité pour quelques momens, on les
trouve fort enjoués, & même fort vifs.
Les femmes avec qui l'on a affez rarement l'occafion de s'entretenir, ont un
naturel très-fpirituel & fort dangereux.
Les divertiffemens les plus ordinaires,
ce font les cérémonies de l'Eglife & les
Fêtes. Il y a fur ce fujet des abus infi-
nis, ce font leurs amours, ou pour parler plus exactement, leurs débauches :

K iv

c'est aussi la promenade & la Comédie;
& le goût de leur Comédie est le même
que celui de leurs Poësies en général.
Ils y jouent très - souvent Dieu & les
Saints, & ce qui seroit pour les François un très-grand sujet de scandale ne
l'est pas pour eux : ils le regardent au
contraire comme un sujet d'édification.
Ils aiment fort la musique, quoiqu'ils
n'ayent pas de bons Musiciens; ils sont
fort amoureux de la guittarre, & Juan
Alvareo de Colmessar rapporte à ce sujet un trait qui lui a toujours paru sin-
gulier, & qui l'est en effet. « Environ
» vingt-cinq ans après la révolution du
» Portugal, dans le tems que les deux
» Couronnes voisines étoient en guerre,
» les Portugais firent une course dans
» l'Andalousie, & pillerent le Bourg de
» Traignéros : passant plus avant ils lais-
» serent un Cavalier en sentinelle à la
» porte d'une Eglise de ce Bourg, & ce

» Cavalier fe mit à jouer tranquillement
» de fa guittare qui n'étoit pas d'accord;
» un Bourgeois du lieu qui venoit d'être
» pillé, entendant la mufique de ce fol-
» dat, & choqué de la diffonance de
» l'inftrument, le pria civilement de lui
» donner fa guittare; il la mit d'accord,
» & la rendit au Portugais, en lui difant;
» Agora fta templada, à préfent elle eft
» d'accord; après quoi il continua froi-
» dement à fe promener comme aupara-
» vant ». Ils confervent dans leurs dan-
fes un air de gravité & d'uniformité :
leurs pas ni leurs geftes ne font pas va-
riés. Ils danfent ordinairement avec
des Caftagnetes. La Fête des Taureaux
eft le plus grand & le plus magnifique
divertiffement qu'on voye en Efpagne.
C'étoit un plaifir en ufage parmi les
Mores, & que les Efpagnols ont adopté,
nonobftant l'averfion qu'ils avoient pour
eux. Il n'y a pas de bonne Ville dans

tout le Royaume où il n'y ait une grande Place publique, deſtinée à cette ſorte de Fêtes, qui ſont d'un grand appareil, & d'une grande dépenſe. Ces combats ſont fort dangereux, & il faut dans ceux qui attaquent les Taureaux bien de l'adreſſe & de la préſence d'eſprit, & très-ſouvent il en périt quelques-uns. Comme j'ai vû une de ces Fêtes, j'en ferai la deſcription dans l'article ſuivant. Avant que de terminer celui-ci, je dirai deux mots de l'habillement des Eſpagnols. Tous les gens de condition, & même une partie des Bourgeois, eſt habillée à la Françoiſe ; toutes les Troupes ſont habillées comme les nôtres ; il n'y a que les Magiſtrats, les gens de la campagne, & quelques vieux Eſpagnols qui retiennent leur ancienne mode. Les Magiſtrats portent la gotille, qui eſt une eſpece de colet de carton, couvert de toile ou de dentelle, qui leur tient le

col droit & ferré. L'ufage en étoit autrefois très-commun , & fe trouve aujourd'hui prefqu'entiérement banni. Ce
colet eft fi contraire au libre mouve-
ment du col, qu'il femble lié au carcan
par cette contrainte. Le Pere Comnier
a fait un Ode fur la Gotille , où il intro-
duit le Roi Philippe V fous le nom de
Jupiter, qui demande fecours à tous les
Dieux contre cette entrave qui l'étran-
gle. Les Efpagnols portoient autrefois
une épée effroyablement longue , un
poignard attaché à la ceinture, & un
manteau par - deffus tout le refte : les
gens de la campagne ne portent ordinairement qu'une vefte, qui ne va que
jufqu'à la ceinture : ils ont confervé
cette mode, parce qu'il leur faut moins
d'étoffe pour s'habiller : tous ont de
grands manteaux qu'ils portent toujours
avec eux en Ville & à la campagne :
ils ont de plus en voyage une efcou-

petté. Le manteau leur fert à bien des
ufages ; à cacher leur habit, lorfqu'il ne
vaut rien, ce qui leur eft fort ordinaire ;
à les couvrir pendant l'hyver, attendu
que la plupart vont fe chauffer au fo-
leil, & que dans les maifons des plus
grands Seigneurs on ne fe chauffe gue-
res qu'avec des brafiers dont le charbon
exhale une fumée fort dangereufe. Il
n'y a pas actuellement dans Madrid
vingt cheminées : encore n'ont-elles été
faites que depuis le regne de Philippe V.
Le manteau leur fert tantôt de matelas,
tantôt de couverture, & fouvent de
l'un & de l'autre ; car tout ce qui eft
Muletier ou de cette efpece, ne fe cou-
che dans les voyages que par terre, en-
veloppé dans fon manteau. J'aurai occafion dans l'article fuivant, de rappor-
ter plufieurs traits fur la maniere de
voyager en Efpagne.

F I N.

www.ingramcontent.com/pod-product-compliance
Ingram Content Group UK Ltd.
Pitfield, Milton Keynes, MK11 3LW, UK
UKHW021628170726
13836UKWH00005B/2104